与每个老百姓
密切相关的

稳定币

STABLECOINS

THAT MATTER TO EVERYONE

高承实　著

中国发展出版社

CHINA DEVELOPMENT PRESS

图书在版编目（CIP）数据

与每个老百姓密切相关的稳定币 / 高承实著 .
北京 ： 中国发展出版社，2025. 8（2025. 8 重印）.
ISBN 978-7-5177-1507-8

Ⅰ . F82-49

中国国家版本馆 CIP 数据核字第 2025WF5092 号

书　　　　名：与每个老百姓密切相关的稳定币
著作责任者：高承实
责 任 编 辑：钟紫君
出 版 发 行：中国发展出版社
联 系 地 址：北京经济技术开发区荣华中路 22 号亦城财富中心 1 号楼 8 层（100176）
标 准 书 号：ISBN 978-7-5177-1507-8
经 　 销 　 者：各地新华书店
印 　 刷 　 者：北京博海升彩色印刷有限公司
开 　 　 　 本：710mm×1000mm　1/16
印 　 　 　 张：13
字 　 　 　 数：190 千字
版 　 　 　 次：2025 年 8 月第 1 版
印 　 　 　 次：2025 年 8 月第 3 次印刷
定 　 　 　 价：58.00 元

联 系 电 话：（010）68990535　68360970
购 书 热 线：（010）68990682　68990686
网 络 订 购：http://zgfzcbs.tmall.com
网 购 电 话：（010）88333349　68990639
本 社 网 址：http://www.develpress.com
电 子 邮 件：10561295@qq.com

序　一

稳定币：引发货币秩序系统性变革

在人类货币史上，每一次货币形态的转变，都会深刻改变经济组织模式与社会运行方式。从贝壳、金属，到纸币、电子货币，货币从有形走向无形，货币的信用基础也经历了从实物支持到国家信用支持的转变。如今，一场以稳定币为先导的系统性且具有冲击力的变革，正在改变传统金融货币的生态和秩序。

本书以通俗、生动兼具批判性的写作方式，成功将一个高度金融化与技术化的议题，拆解为普通读者也能够理解、感知甚至实践的生活场景。对于稳定币，作者既不盲目赞美，也不简单批判，而是努力呈现出其在现实世界中被真实使用的过程，以及这场金融创新对不同国家、不同群体的深刻影响。

这是一本写给普通人的书，但它背后提出的是货币理论和金融体系的重大命题。

本书的核心论点是：稳定币并非抽象的金融概念，而是为了弥补传统货币缺陷（通胀、跨境支付效率低下）和早期加密货币缺陷（价格剧烈波动）而诞生的实用金融工具。现在，稳定币正在深刻改变个人、企业乃至全球金融秩序，普通人有必要理解其运作模式、带来的机遇和风险。

在本书的第 1、2 部分，作者着重讨论稳定币是什么以及为何重要。作者指出，稳定币是锚定美元等法定货币的"数字现金"或"代金券"，旨在稳定价值，而非投机。书中介绍了三种类型的稳定币：（1）法定货币储备型。该类型稳定币是目前主流选择，其稳定性依赖于发行方的储备透明和良好信用。（2）加密抵押型。其是去中心化的，但机制复杂，有风险。（3）算法稳定型。其理论完美，但实践证明极易崩盘，有惨痛的教训。

在本书的第 3 部分，作者讨论了稳定币的现实影响和风险挑战。从个人角度看，稳定币使跨境汇款从"数天到账"变为"数秒到账"，手续费近乎为零；稳定币的价值贮藏功能凸显，在高通胀国家成为普通人对抗资产缩水的金融"避风港"。从企业角度看，稳定币成为中小企业和跨国公司的"财务利器"，用于规避外汇管制、降低结算成本，让无银行账户的商家也能参与全球贸易。特别是书中突出了稳定币的三大核心风险：（1）信任危机。泰达币（USDT）等存在"黑箱储备"问题，其资产是否足额存疑。（2）机制崩溃。Terra 的崩盘是算法稳定型稳定币（以下简称算法稳定币）"死亡螺旋"的典型案例。（3）技术安全。黑客攻击和智能合约漏洞已造成数亿美元的资产损失。

在本书的第 4、5 部分，作者着重分析了国家博弈与未来秩序。各国向稳定币发起了反击：各国中央银行推出自己的数字货币（如中国的数字人民币）以应对挑战，标志着一场民间创新与国家主权的竞赛已经开始。同时，稳定币也成为全球地缘政治的新棋子：美元稳定币（如 USDT）已成为"美元主导地位的隐秘扩张工具"，在无形中巩固了美元的全球地位。欧洲、亚洲等则在积极布局，试图构建"多极化货币秩序"，以削弱对美元的依赖。在未来，稳定币将与人工智能和物联网深度结合，开启一个由机器自主完成支付和交易的智能经济时代。书中也给普通人提出了终极建议：（1）安全第一。像使用银行账户一样谨慎，选择储备透明的稳定币，并分散管理资产。（2）警惕陷阱。警惕承诺"高收益、稳赚不赔"的骗局，保护好自己的钱包和私钥。

本书中，还有以下四个主题值得进一步引申说明。

第一，稳定币的诞生与货币制度的裂缝。在货币发展的历史长河中，国家主导的货币体系曾一度被视为无可争议的核心框架。从金本位、布雷顿森林体系，到今天以法定货币为基础的全球金融网络，国家信用成为货币价值的最终背书。然而，在过去数十年，随着通胀高企、跨境转账成本升高、金融排斥现象加剧，国家货币的实际使用价值与其理论权威之间开始出现裂缝。

稳定币的崛起，不是偶然。在稳定币背后，是传统金融体系的结构性迟滞，是技术革命对价值传递方式的持续冲击，是货币主权与个人资产自由之间博弈的深化，更是全球数以亿计的普通人在现实生活中的主动选择。稳定币的意义，远远超越了它作为"区块链金融工具"的表层定义。本书用一个个鲜活的故事，记录了阿根廷、土耳其、尼日利亚等国家的普通人，如何在高通胀环境下主动寻求更可靠的价值载体。稳定币正是在这些国家广泛流行开来，扮演着"保值工具"与"支付媒介"的双重角色。稳定币的诞生，表面上是区块链技术的应用，实质上则是对国家货币功能失效的一种市场化纠偏。

第二，金融基础设施的技术替代。作者在书中强调，稳定币不仅是一种资产形式，更是一种金融基础设施的技术替代。今天的跨境支付，依然停留在 20 世纪的逻辑上：依赖银行网络、清算周期长、手续费高昂，特别是对于全球数以亿计的无银行账户群体而言，传统金融系统对他们几乎是关闭的。而稳定币，通过区块链网络，绕开了传统银行，提供了近乎实时、低成本的价值传递路径。

稳定币并非技术爱好者的专属领域，而是跨境务工人员、电商从业者等正在真实使用的"金融工具"。如果说比特币的叙事是"去中心化的价值存储"，那么稳定币的叙事则是"去中心化的日常货币"。书中对菲律宾外出务工人员、美国自由职业者、中国香港普通年轻人的案例分析，充分说明稳定币不是资本游戏，而是生活的选择。

第三，稳定币的风险、监管与未来。任何金融创新，从来不是一场单方向的胜利。作者并没有回避稳定币面临的黑箱、崩盘、黑客攻击等风险。尤其是 USDT 长期以来的储备透明性争议，以及 Terra 崩盘事件所揭示的算法稳定币的脆弱性，提醒我们即便是号称"稳定"的资产，仍然可能隐藏着技术或信用结构上的巨大不稳定。更重要的是，各方对于稳定币的合法性与监管归属，目前仍存在较大争议。它到底是货币、证券，还是支付工具？是私人企业的产品，还是公共金融体系的组成部分？各国中央银行的态度不同，有的鼓励，有的限制，有的观望。这造成了稳定币发展过程中的系统不确定性。

作者对中央银行数字货币与稳定币的比较尤为重要。数字人民币的出现，不仅是中国在金融科技领域的领先布局，更是国家对私人数字货币主动回应的制度化选择。未来全球货币格局，可能呈现"三元竞争"之势：法定货币、稳定币、中央银行数字货币共存，并彼此制衡。这种货币结构将深刻改变全球资本流动方向、货币政策传导路径以及跨境支付的利益分配。

第四，稳定币的社会意义。作者在书中不断强调，稳定币不是程序员的游戏，而是普通人的新机会。在这个观点背后，是对现有金融体系深刻的社会批判。全球仍有超过 10 亿成年人没有银行账户，无法参与高效率的金融交易。稳定币，或许是第一次，真正为这群被金融排斥者打开了一道门。因此，稳定币表面上是美元的数字映射，实际上是一种去中心化世界对传统货币制度的回应和挑战。

如今，稳定币的影响正发生在布宜诺斯艾利斯的小咖啡馆、马尼拉的家庭小超市、拉各斯的手机汇款点。正如书中所述，这场金融变革，没有在华尔街敲钟，也没有在《新闻联播》上宣布，但是它发生了，并且正在掀起一场金融货币领域的深刻革命。

稳定币的发展，方兴未艾。稳定币会继续处于快速演化、试错乃至监管交锋的动态过程之中。稳定币未来既可能成为数字时代金融民主化的重要里程碑，也可能遭遇黑客攻击、产生系统性风险，甚至被过度管制而失去活力。但是，稳定币在发展过程中会逐渐形成其内在的逻辑。

本书的价值，在于它以通俗易懂的语言，开启了关于货币未来的公共讨论。稳定币不仅仅是技术，更是与我们的生活、财富、自由息息相关的现实课题。无论最终是否选择使用稳定币，我们都应该了解它。因为，理解正在改变我们生活的金融工具，是每一个现代人应有的素养。

朱嘉明

著名经济学家

2025 年 7 月 10 日 北京

序 二

稳定币：金融规则与金融版图的重构

2020 年以来稳定币快速发展。继欧盟后，中国香港和美国相继通过稳定币立法，全球第二大美元挂钩稳定币美元币（USDC）发行商 Circle 于 2025 年 6 月 5 日在纽约证券交易所上市，引起了社会的广泛关注。

2009年比特币的面世开启了加密资产时代，逐步形成了以技术人士和投机者为主客群的、基于区块链的加密资产封闭生态。为了解决比特币的封闭性和运行效率低的问题，以太坊（Ethereum）区块链和以太币（ETH）应运而生。这催生出各类加密资产交易所，以实现不同加密资产之间的交易。为适应加密资产链上7×24小时全球化高效率、低成本交易结算需求，解决加密货币价格波动性大以及与法定货币兑换复杂的问题，与特定法定货币等值挂钩的法定货币储备型稳定币也纷纷面世，如USDT、USDC等，作为连接法定货币与加密资产交易的桥梁。稳定币是基于区块链的点对点支付，支付即结算，且可实现全球7×24小时的即时支付结算，在支付效率和货币兑付成本上具有显著优势。至此，法定货币—加密货币—加密资产交易所（或点对点交易）—稳定币的加密资产生态形成。

2020 年以来，随着技术完善和监管规范，加密资产生态通过拓宽稳定币在现实世界的使用场景、链下资产链上化（代币化）和链上产品链下化（比特币的 ETF），实现与现实世界的广泛互联。传统金融机构开始积极参与代币市场，出现了现实世界资产代币化（RWA）、支付和交易稳定币化的态势，推动全球金融格局重塑。

现实世界资产加速代币化，正重构金融版图。现实世界中具有内在价值的各类有形或无形的真实资产（包括房地产、股票、债券、基金、艺术品、知识产权等）通过权益份额化、代币化，可以在区块链上进行全球性交易和管理，并通过智能合约提高交易效率，从而提高流动性和安全性，增强市场透明度和可信度。此外，加密货币交易所与证券交易所的兼并、加密货币服务商与证券经纪商的合作，进一步提高了代币化资产交易的便利性。

稳定币正从边缘支付工具发展为全球支付系统的重要基础设施。在创立之初，稳定币主要服务于加密资产交易，为币值不稳定国家和银行账户服务不普及地区提供货币替代和服务替代。近年来，各国对稳定币的监管立法和现实世界资产代币化的发展，提升了市场对稳定币的认可度，稳定币走出封闭生态，正被广泛应用于传统金融交易支付，如跨境贸易结算、企业间支付、消费者支付、员工薪酬支付以及其他金融投资和实物投资等。稳定币发行人与传统支付机构、银行等加速融合创新，助推稳定币成为全球支付系统的重要基础设施。如贝宝（PayPal）推出 PYUSD 并整合商业支付，Visa 将稳定币纳入全球支付网络，日本三大银行推出基于稳定币的跨境支付系统 Project Pax。2025 年 5 月 15 日 Fireblocks 发布的调查报告显示，美国 295 家传统银行、金融机构及支付服务机构中，90% 的机构已实际应用或计划部署稳定币。稳定币市场总规模已从 2020 年的 200 亿美元激增至 2025 年 5 月的 2460 亿美元。2024 年稳定币结算量超过 27.6 万亿美元，已超越 Visa 和 Mastercard 的规模。

可见，加密资产通过密码学、分布式账本、人工智能（智能合约）等数字技术，在传统金融基础设施之外构建起新的金融基础设施，与传统金融和现实世界融合，从边缘、灰色地带（规避监管）向中心、合规化过渡，正以新的、更有效的技术方式实现货币的支付结算和金融的融资功能。这种从传统技术范式向新技术范式的迁移，将推动金融规则和版图重构。

当然，正与现实世界发生联系并打开数字金融世界的加密资产，还处于规则形成和秩序构建阶段，基础设施和金融服务尚未分层，稳定机制和监管政策尚不成熟和统一，未来如何发展将高度取决于市场和监管部门如何认知和应对。

在此背景下，出版本书具有现实意义。这本书不是写给金融专家的，也不是技术极客之间的自娱自乐，它的落脚点是普通人。作者用大量生活化的案例，把稳定币这样一个容易被误解、被妖魔化或者被技术语言包裹的概念，讲得清清楚楚。如书中指出，在阿根廷、土耳其、尼日利亚等国，普通老百姓主动使用稳定币，不是为了炒作投机，而是为了保护自身的购买力，为了更方便、更低成本地进行国际汇款。这些选择，是金融体系存在"服务盲区"的真实反映。作者在书中还提到菲律宾外出务工人员、美国自由职业者、中国香港年轻人的真实使用案例。这些人不是金融专家，但他们用实际行动告诉我们，稳定币正在成为其金融生活的一部分。

本书在通俗解释稳定币的基础上，对其风险没有避重就轻。比如，USDT 的储备透明性问题，始终存在一定争议。Terra 的崩盘案例更是给了全球一个深刻的教训，所谓"算法稳定币"，如果缺乏扎实的信用基础，极易出现连锁性信用坍塌。本书特别提醒普通人，稳定币不是稳赚的产品，也不是没有风险的资产。这一点非常重要。

总之，本书从一个普通人的视角，讲透了稳定币是什么、怎么用、哪里好、哪里有坑。它把复杂的金融逻辑，用通俗易懂的语言拆解出来，降低了理解门槛，具有很高的社会普及价值。在当今这个快速变化的时代，金融工具越来越多，金融诈骗也越来越隐蔽。本书让普通人了解稳定币以及如何安全使用、了解存在哪些骗局，是非常有必要的。

陈道富

国务院发展研究中心金融研究所副所长

2025 年 7 月　北京

目 录

第3部分　稳定币的暗面与挑战

第4部分　CBDC登场

第 5 部分　未来货币秩序的重构

导言　当货币遇上代码

——一场悄无声息的金融变革

2023 年，阿根廷布宜诺斯艾利斯的一家咖啡馆内，一位刚刚收完 USDT 打赏的画师正在用手机下单一份平价进口的意大利咖啡豆。他对柜台后那个微笑的店员说："用 USDT 付款。"那一刻，没有人感到意外，也没有人多问一句。

这一年，阿根廷比索汇率出现多次大幅下跌。人们已经习惯了自己手中的法定货币资产价值每天都在"缩水"，同时也越来越习惯在钱包里藏一些"数字美元"——USDT、USDC、DAI。它们不是政府发行的，却被越来越多的人当作资产"避风港"。

这并非个例。类似的故事每天都在土耳其、尼日利亚、委内瑞拉甚至美国的直播间上演。全球已有超过 4 亿人直接或间接地使用过一种被称为稳定币的数字货币。而很多人可能压根儿不知道，自己早已成为这场新金融革命的亲历者。

"钱"真的变了吗？

我们生活在一个看似稳定的货币世界。支付宝余额能买奶茶，微信支付扫码进地铁，银行卡一刷即购买高铁票，似乎一切都挺好。可你有没有发现，存在银行里的钱似乎越来越不"值钱"了，同时国际转账却仍然像 20 世纪 90 年代那样慢。为什么我们生活在数字时代，却还在用 20 世纪设计出来的金融系统？

　　稳定币，正是在技术已经准备好而旧秩序还未跟上的背景下悄然出现的。它不是比特币，不主打"暴涨暴跌"；也不是"金融科技"的又一次包装营销。它更像是数字时代的钱，一种"在区块链上跑起来"的"美元替身"，稳定、可转账、全球通用，还无须通过银行。

　　如果你听说过 USDT、USDC、DAI……那么这本书将告诉你，这些稳定币到底是什么，为什么重要。更重要的是，这本书还会深入探讨，普通人到底该怎么使用稳定币，才既安全又实用。

问题的开始，不在区块链，而在你我的生活中

　　先讲一个小故事：

　　2021 年，土耳其里拉在半年内贬值了近 45%。一位刚工作的小学教师说，他每月工资到账后第一件事就是在社交平台"电报"（Telegram）群里联系"场外商人"，用工资的一部分买入 USDT——不是为了投资，而是为了"保存购买力"。他说："我不懂什么区块链，我只知道这个 USDT，下个月还值差不多的钱。"

　　是的，你没有听错。这位教师并不关心"技术"，他关心的是"钱值不值钱"。稳定币，就是在技术和保值的裂缝中生长出来的东西。它不是为炒币党而生，而是在现实世界的金融焦虑中，被需求催生出来的替代方案。

　　更令人惊讶的是，它的使用并非局限于动荡的国家和地区。

　　在菲律宾，有数百万外出务工人员每月通过区块链网络，用稳定币给家人汇钱，省去了费率高达 10% 的银行手续费。在美国，有自由职业者在自由职业平台 Fiverr 或 Upwork 上选择以稳定币结算工资，省时又省税。在中国香港，不少"90 后"年轻人将 USDT 作为资产"避风港"，不为发财，只为安心。

稳定币，越来越像一种你或许未曾察觉，却已经使用的新型货币。

稳定币到底是什么？为什么听起来有点"假"？

很多人听到稳定币，第一反应是这是骗人的吧，听着就不靠谱。什么币还能"稳定"？会不会是数字货币庞氏骗局？或者跟比特币一个套路？

这恰恰是本书要解答的第一个问题。

稳定币其实不是"赚钱神器"，它的目标很简单：价值稳定，便于交易。

最典型的稳定币，比如 USDT、USDC，就是 1∶1 锚定美元的数字代币。你可以把它理解为美元"代金券"或者"数字借条"——你给发行公司 1 美元，它给你 1 枚 USDC；未来你可以用这 1 枚 USDC 再换回 1 美元。

听起来很简单，背后暗藏的却是一场对现有货币制度的挑战：

谁来发行？不是中央银行，而是私人公司或算法程序；

谁来监管？目前全球都在争论；

如果"锚"断了怎么办？一些失败的例子已经出现（我们会在第 5 章中讲 Terra 的故事）；

如果成功了呢？我们可能见证一个"非国家货币"新形态的崛起。

这既令人兴奋，又令人不安。而普通人，不应该被排除在这场变革之外。

这不是程序员的游戏，而是普通人的新机会

可能你不懂代码，不关心区块链，但你一定关心自己的钱会不会被通胀吞噬，关心跨境转账要多久到账，关心如何给远方的亲人汇款手续费更低，关心如

何避开看不懂的"理财陷阱"。

而稳定币，或许正是那个普通人可以掌握的"金融新工具"。

本书的目的，就是用最简单的语言、最接地气的案例、最实用的建议，帮你看懂：

为什么稳定币在新兴市场国家大火，同时在欧美也悄然流行？

几种主流类型稳定币的原理、优劣势与风险是什么？

哪些骗局要警惕？哪些用法是真正安全可靠的？

中央银行数字货币（如数字人民币）跟稳定币到底有什么不同？

如果未来世界真的变了，你该如何安排自己的资产？

我们不会谈论高深技术，也不渲染末日式的"银行消亡论"。我们只谈"你可以用它做什么"，以及"你需要注意什么"。

本书适合谁读？

本书适合不懂区块链但想了解数字金融的人阅读。本书通过比喻的方式并结合生活化案例，来阐述相关术语和机制。

身处动荡金融环境的人——你可能需要一个新的"避风港"。

自由职业者、电商卖家、跨境打工者——或许你早该用稳定币来收款或支付。

对金融系统持怀疑态度的年轻人——稳定币既让你更自由，也提醒你要更警觉。

你年长的家人们——你如果担心他们遇到稳定币骗局，请把这本书给他们！

下一次金融变革，不会在华尔街发生

下一次金融变革不会在敲钟开市的一瞬间发生，也不会由哪个总统、总理、首席执行官宣布开始。它可能始于你手机上一笔 USDC 转账、一位菲律宾妈妈使用 USDT 给孩子转学费、一位阿根廷出租车司机用稳定币换来明天的晚餐。

它静悄悄地发生了。

现在，轮到我们一起看懂它了。

第1部分

为什么世界需要稳定币？

在我们刷手机、发红包、网购等日常生活场景背后，一场关于"钱"的革命正悄然发生。这不是比特币的疯狂炒作，也不是金融专家们争论不休的专业名词，而是与你、我，与每一个普通人息息相关的事：我们的钱正在贬值，我们的支付正在变得复杂，我们的世界在变，而货币系统却落后得令人惊讶。

还记得小时候5角钱能买一包辣条吗？如今，别说辣条，连一瓶矿泉水都买不了。你可能以为这只是生活成本的"自然上涨"，但用经济学术语来说，这叫通胀。

我们为什么要关心通胀？因为这不是一个国家的问题，而是全球现象——当这个问题与数字时代、全球互联、技术突变这几个关键词叠加时，它带来的冲击足以改写货币的未来。

于是，稳定币应运而生。

但在理解稳定币之前，我们得先回头看看，今天的货币，到底困在了哪些旧有的逻辑里面？

第 1 章　传统货币的困境

纸币从来不只是"纸"那么简单。它代表的是信用、制度与权力。但过去几十年，传统货币的三大职能——流通手段、价值尺度和贮藏手段——正在逐步失效。尤其是对普通人来说，它越来越像一个"看得见但摸不着"的承诺。

你辛苦攒的钱，几年后能买的东西越来越少；你想给远方的家人汇钱，却发现手续费高得离谱、到账又慢；你听说有人靠炒作比特币一夜暴富，自己却被"割了韭菜"，连区块链是什么都没弄明白。

这些看似分散的问题，背后其实有一个共同的根源：我们的货币系统太陈旧了，它的机制、制度、边界，已经无法跟上 21 世纪的数字生活节奏了。

在这三重困境中，我们会逐渐看到，稳定币不是凭空诞生的"新物种"，而是对旧系统的一次"逻辑修补"。

1.1 钱为什么越来越"不值钱"？

1995 年，湖南株洲，9 岁的陈亮放学后在街角小卖部掏出 5 角钱，买了一包魔鬼辣条外加一根七彩糖棍，老板还找给了他 1 角钱。2024 年，38 岁的陈亮带着自己 9 岁的女儿回老家，去同样的位置买零食，发现一包辣条卖 3 元 5 角，糖棍已经绝迹，小卖部也变成了奶茶店。

"5 角钱还真是买不了什么东西了。"他苦笑着说。

这不是个例，而是我们每个人在生活中都能感受到的"钱变薄"的故事。

这到底是为什么？我们的工资在涨，经济在发展，怎么钱反而"不值钱"了？

通胀成为悄悄偷走你购买力的"隐形税"

通俗地说，通胀就是货币的购买力下降。不是你口袋里的钱变少了，而是这些钱能买到的东西变少了。

例如，你现在有 100 元，今天能买 5 千克大米，明年米价上涨到 25 元 / 千克，你的钱还是 100 元，但能买的大米只有 4 千克了。这时候，你的钱"缩水"了，就是通胀所导致的。

通胀往往不是突然爆发的，而是像温水煮青蛙一样，慢慢蚕食你的财产。根据国际货币基金组织（IMF）的数据，全球年均通胀率长期维持在 2%~3%。这看起来不高，但 10 年累计下来，货币购买力可能已经缩水 20% 以上。

对普通人来说，这就是一种"隐形税"——你没有多缴税，但你手里的钱越来越"不值钱"，实际上就是财富在悄悄缩水。

通胀是怎么来的？不是商家涨价这么简单

很多人认为通胀发生的原因是商家涨价。这只是表象，背后的原因可以归纳为三类。

一是货币超发，就是印了太多钱。政府为了刺激经济，往往会通过量化宽松等方式向市场投放大量货币。钱多了，物价自然水涨船高。

二是成本推动，就是产品变贵了。如果原材料、能源或劳动力成本上涨，企业会把这些上涨的成本转嫁到产品上，最终由消费者买单。

三是需求拉动，就是买的人多了。当经济复苏，大家都开始消费时，需求猛增而供给不足，就会推高商品价格。

这几个因素都不是独立出现的，而是彼此交织叠加的。你今天在超市看到的涨价标签，其实背后隐藏着全球经济系统中由各种因素构成的复杂传导链条。

有的国家"涨一点"，有的国家"直接崩"

在发达国家，通胀问题大多时候还是相对可控的，但在发展中国家，通胀往往是灾难性的。

2023 年，阿根廷通胀率超过 200%。发的工资隔天就"不值钱"了，商品价格随时变动，有人用推车而不是钱包装现金。

委内瑞拉长期高通胀导致玻利瓦尔几乎变成"废纸"，民众纷纷改用美元甚至加密货币作为交易媒介。

2021—2023 年，土耳其里拉贬值超过 50%，大量家庭改为储蓄美元或黄金"自保"。

对这些国家的人民来说，通胀不仅仅是一个经济术语，更是与日常生活息息相关、关乎民生福祉的关键因素。

对普通人有什么影响？

首先是储蓄贬值。存在银行的 10000 元，如果 3 年后获得的收益率还赶不上物价的上涨速度，实际上你就亏了。

其次是资产焦虑。为了跑赢通胀，大家开始"被迫投资"：买房、炒股、买基金，哪怕是自己不懂也要硬着头皮上。

最后是财富失衡。通胀让资产（如房地产、股票等）价值上涨，而手里只有现金的人却越来越穷，贫富差距拉大。

传统货币体系为何难以自救？

理论上，中央银行可以通过加息、减少货币发行量等方式控制通胀，但在现实中，这样做存在三大难题。

一是政策滞后。通胀是滞后指标，当你看到物价上涨时，问题往往已经发生了。

二是政治压力。过度减少货币发行量会影响就业、股市甚至政绩，很多国家的政府"不敢"这么做。

三是全球联动的影响。一国通胀往往会影响他国经济，如美国加息会让新兴市场国家资金外流，造成其本币贬值，进一步导致恶性通胀。

所以，传统货币机制往往是"亡羊补牢"。等到系统性风险暴露时才出手，远不如技术世界中"提前预警、自我调节"的系统逻辑来得更加快捷和直接。

稳定币的前奏，是货币信任危机

我写这一章，不是为了贬低传统金融，也不是"唱衰中央银行"，而是为了指出，在人类社会第一次进入"全球性高通胀与高技术融合"时代的背景下，传统货币机制的疲态已经暴露无遗。

而在这种信任崩塌与制度迟滞之间，一个问题浮现出来：如果我们可以创造一种"既不轻易贬值，又能随时转账"的数字货币，是不是更加符合今天这个时代的需求呢？

这就是稳定币被认真思考的起点。

1.2　为什么国际汇款手续费这么高、速度这么慢？

2023 年夏天，28 岁的乔纳森在加纳首都阿克拉找到一份工作，在一家当地建筑公司做钢筋工。虽然每天要工作 10 个小时，工资也不高，但他依然坚持每月从自己的收入中拿出一部分，汇回尼日利亚的老家。

这一次，他想给在乡下的母亲汇 30 美元。这笔钱虽然只是他上个月工资的 1/5，却是母亲用来购买粮食、缴纳水电费的费用。乔纳森走进了阿克拉市中心的西联汇款（Western Union）门店，排了半小时的队，把 30 美元现金交给柜台工作人员，然后填写了一个长长的表格。

"手续费是 6 美元。"工作人员说。

"6 美元？"乔纳森愣住了，"这都 20% 了。"

"对，这是标准费率。您也可以选择更快的服务，不过手续费要 10 美元。"

乔纳森最后还是咬咬牙选了 6 美元的服务。母亲第二天收到汇款时，到手的只有 24 美元。

这个看似普通的小故事，其实每天在全球都会上演数百万次。根据世界银行的数据，发展中国家每年接收的个人汇款额高达数千亿美元，而平均手续费率则高达 6%~8%，一些国家甚至超过 10%。对于生活本就拮据的劳动者来说，这笔"隐形税"几乎没有人提及，却实实在在地影响着他们的生存质量。

我们不禁要问：在数字时代，把钱从一个国家转到另一个国家，为什么还要花这么多手续费、等这么久？

21 世纪的"邮件"，19 世纪的"信封"

假如你曾经用过微信、支付宝、Venmo①或者 PayPal 给朋友转账，你大概享受过这种"秒到账"的愉悦体验：轻点两下，钱就立刻从你的账户"飞进"了对方账户。

可一旦你试图把钱汇到国外，你就立刻进入了一个规则复杂和费用高昂的"迷宫"。

跨境汇款并不是你和收款人的直接连接，而是绕了一大圈。你的钱从你这边的银行或机构，经过一家中介银行，再跳转到目标国家的银行，然后汇到对方账户。每一跳，都可能收一次手续费，还要经过一系列诸如监管审查、汇率转换等操作。

这种系统有个名字，叫作环球银行金融电信协会（Society for Worldwide Interbank Financial Telecommunication，SWIFT）。这套系统诞生于 1973 年，远远早于互联网时代。它本质上不是一个真正转账的网络，而是一个信息交换平台——告诉参与银行"这笔钱该怎么走"，但真正把钱从 A 点转到 B 点，依然是在传统银行系统中慢慢完成的。

这种方式有几个致命缺陷。

一是中介太多，环节太复杂。一笔汇款可能涉及 3~5 家银行，每家银行都有自己的费用规则，有些银行甚至会在"中途"默默抽走一部分钱。

二是速度慢。从美国汇钱到肯尼亚，最快也得 1~3 天。如果赶上节假日或者系统维护，还会更久。

---

① Venmo 是一种在美国非常受欢迎的电子支付服务，它由 PayPal 公司拥有和运营。Venmo 允许用户向朋友、家人或商家发送资金和接收资金。这种支付方式通常非常快捷，交易可以即时完成。它主要通过手机 App 进行操作。用户需要先在手机上下载 App，注册一个账户，关联自己的银行卡或者信用卡等，然后就可以进行电子支付了。

三是透明度低。收款人往往不知道钱什么时候到账、汇款路径是什么，更不知道中途被扣了多少费用。

四是汇率不划算。很多时候银行在办理汇款时，会使用其自行设定的汇率，而非实时市场汇率，这中间就存在一定的隐性成本。

简单来说，我们生活在 21 世纪，却还在用 19 世纪的"信封"寄钱。

为什么传统银行转账方式这么落后？

其实，银行也知道问题所在。那么它们为什么不进行系统升级呢？

原因在于，跨境支付的"麻烦"恰恰是它们的"利润来源"。

每一次汇款，银行都能收取多种费用：手续费、汇率差价、账户管理费、中间行费用等。而且，越是跨越国界，用户越不容易对比费率，银行越有"模糊处理"的空间。这种不透明反而让它们乐在其中。

此外，还有监管问题。跨国汇款还牵涉到反洗钱、反恐怖主义融资等法律义务。金融机构需要在多个国家遵守不同的法规，因此在技术上就不敢贸然"加快速度"，以免因出错而被罚款。

这些问题，造成了跨境支付的"老大难"。

汇款的真实代价

对富人来说，6 美元手续费只是餐后小费，但对有些发展中国家的普通人来说，这笔钱有着完全不同的意义。

联合国曾提出一个全球目标：让跨境汇款的平均费率降至 3% 以下。但现实中平均费率依然是 6%~8%，甚至更高。

根据世界银行 2023 年的报告——

> 向撒哈拉以南非洲地区汇款的平均费率约为 7.9%；
>
> 向南亚地区汇款的平均费率略低，但也有 4%~5%；
>
> 最贵的是用银行汇款，手续费往往超过 10%；
>
> 最便宜的是使用移动支付或数字钱包（如 M-Pesa[①] 或 Revolut[②]）。

这意味着，如果一个在伦敦工作的尼日利亚人每月向家里汇款 200 英镑，那么他每年光手续费就要 180 英镑以上——这几乎是其他一整月的食品支出。

被金融系统“排除”在外的人

还有一个更隐蔽的问题，即许多人根本没有汇款资格。

世界上仍有超过 10 亿成年人没有银行账户，他们无法享受传统汇款服务，只能依赖现金、非正规渠道甚至黑市进行汇款。这些人构成了所谓的“无银行账户人口”（Unbanked）。

稳定币出现的部分原因，就是解决这些人的困境。只要有智能手机、网络连接和一个数字钱包，他们就能接收、储存甚至发送资金，而不需要先拥有一个传统银行账户。

这部分内容，会在后文详细展开。现在，让我们先看看“数字替代品”出现之前，还有过哪些曾经尝试改善跨境支付的努力。

---

① M-Pesa 是一种基于短信的移动货币转账系统，于 2007 年 3 月由肯尼亚移动电话运营商 Safaricom 与英国沃达丰集团合作推出，其名称中的 M 代表“移动”，Pesa 是斯瓦希里语中的“钱”之意。用户可以通过手机进行存款、取款、转账等操作，也可以使用 M-Pesa 账户在超市、商场等合作商户购买商品或服务，还可以进行水电费、话费等支付。此外，M-Pesa 还提供信贷和储蓄金融服务，用户可以根据自己的需求申请贷款或进行储蓄，以满足不同的财务规划和应急需求。

② Revolut 成立于 2015 年，是一家总部位于英国的金融科技公司，2018 年获得欧洲中央银行颁发的欧盟银行牌照，现为以手机 App 提供服务的虚拟银行。其向客户提供一系列电子银行服务，包括：30 多种货币对外汇款；提供借记卡，客户能以 150 多种不同货币提款和消费；免手续费兑换 30 多种货币；代表用户买卖数种加密货币；提供储蓄账户服务；提供海外医疗保险等。

支付科技从 Remitly[①] 到区块链的尝试

近 10 年，一些新兴金融科技公司试图打破传统汇款的高费率壁垒。它们借助新的商业模式、新的技术路径，努力让汇款"走得更快、手续费更低"。

TransferWise[②]（现更名为 Wise）使用"本地清算"模型，即把你的钱留在本国，然后在目标国支付等额金额，从而避免跨境转账。

Revolut、Remitly、Xoom[③] 等平台用更灵活的技术架构，减少中间环节，压缩费用。但其业务开展仍受限于本地金融系统的对接能力。

M-Pesa 是一个革命性的移动支付平台，让没有银行账户的人用手机号码接收和存取款项。虽然它在本地可以有效运行，但依然面临"跨境壁垒"。

这些努力虽然给跨境汇款带来了一些局部改善，但始终没能从根本上改变系统结构。钱依然是"从银行到银行"，只是走得快一点、手续费低一点。

于是，一种更激进的思想开始萌芽——既然传统金融系统太慢太贵，不如"绕开它"。

这就是加密货币和稳定币的思维方式。

---

① Remitly 是一家成立于 2011 年的美国金融科技公司，主要提供跨境汇款服务。目前支持从美国、英国、澳大利亚、新加坡、加拿大等 17 个国家汇出款项，收款目的地覆盖包括中国在内的 100 多个国家和地区，基本能满足大部分海外用户给家人汇款的需求。

② TransferWise 是一家于 2011 年成立的金融科技公司，2021 年更名为 Wise，总部位于英国伦敦，由 Taavet Hinrikus 和 Kristo Käärmann 联合创立。该公司提供跨境汇款服务，支持超过 40 种货币的转账，业务遍及全球 160 多个国家和地区，2021 年 7 月在伦敦证券交易所上市。

③ Xoom 成立于 2001 年，2015 年被 PayPal 收购，是一家全球领先的国际汇款公司，主要为个人用户提供个性化的汇款服务，汇款方式包括电汇至银行账户、通过全球数以万计的合作商网点提供现金提取服务、直接汇款至收款人家庭等。

用代码打破国界，稳定币横空出世

设想这样一个场景：乔纳森不用再到西联汇款门店排队，也不需要支付 6 美元的手续费。他打开手机上的数字钱包，把 30 美元的稳定币 USDC 直接转到母亲的加密钱包。整个过程不到一分钟，成本几乎为零。

稳定币的本质是一种锚定法定货币的加密资产，其价格稳定，易于流通。最关键的是，它不依赖银行系统，可以通过互联网点对点地转账，不受国界、时间、货币制度的限制。

这种跨境支付方式，正迅速引领"汇款革命"。

但它也不是没有遇到挑战。在后面的章节中，我们将深入剖析稳定币是如何运作的，它靠什么保证"不崩盘"，它的安全性如何，会不会成为洗钱工具，以及各国政府怎么看。

不过，在深入探讨之前，我们先要了解一点，稳定币不是凭空出现的，它的诞生，正是为了修补传统货币系统那些"看不见"的裂痕。

就像乔纳森的 6 美元手续费，看似微不足道，但背后隐藏的是一套低效与不公平的全球金融系统。

而稳定币，就是这个旧系统里的"新钥匙"。

1.3　数字货币的启示与问题

2008 年 10 月，一篇只有 9 页的论文出现在一个密码学邮件组里，作者署名为中本聪（Satoshi Nakamoto）。这篇名为《比特币：一种点对点的电子现金系统》的论文，没有花哨的宣传，没有资本的背书，却在十几年后，引发了整个金融世界的巨大变革。

比特币的理念看起来很理想主义：在一个不依赖中央银行、不需要信任中介的数字货币系统，人们可以像发邮件一样直接转账，既安全又透明。这种思路在2008 年全球金融危机之后，尤其具有吸引力。那时，雷曼兄弟破产、银行挤兑、货币超发，很多人对传统金融体系彻底失去了信任。比特币似乎是一个为"失望者"准备的新世界货币。

于是，一种"无须许可的货币"悄然流通开来。

2010 年，一个程序员用 1 万枚比特币买了 2 个披萨，这被视为世界上第一笔比特币商品交易。当时 1 枚比特币的价值约为 0.003 美元。谁也没想到，几年后这 2 个披萨的价格会涨到逾亿美元。

暴涨暴跌的币价故事

比特币的价格就像坐过山车一样起起伏伏，而这种波动性，是普通人很难接受的：

2011 年，单价从 1 美元涨到 30 美元，又迅速跌回 2 美元；

2013 年，涨到 1200 美元，又跌回 200 美元；

2017 年，上涨到近 2 万美元，随后大跌至 3000 美元；

2021 年，冲破 6 万美元，几个月内腰斩至 3 万美元；

2022 年底，在加密货币交易所 FTX 等爆雷后，跌至 1.6 万美元；

2023—2024 年，重新反弹至约 7 万美元，创下历史新高；

2025 年，比特币继突破 10 万美元之后，又继续突破 12 万美元大关！

如果说黄金的价格是"稳健地起伏"，那么比特币的价格就是"疯狂地蹦极"。对投资者来说，这是天堂也是地狱。你可能在短时间内赚几倍，也可能资产一夜归零。

波动性的根源是什么？

那么问题来了：为什么比特币价格波动会这么大？这背后有几个核心原因。

①没有"锚定"的资产

比特币没有任何实物支撑，不像黄金那样可以制造首饰，也不像股票那样背后有公司收益作为支撑。它的价值，完全依赖于市场的信心和共识。今天人们愿意为它买单，它就值钱；明天人们信心崩了，它就一文不值。

这就好像是一艘没有锚的船，海面风平浪静时可以稳稳停在原地，一旦风浪来临，它就可能被吹得东倒西歪。

②投机盛行，易受情绪影响

比特币市场长期以来主要由炒家构成。这些炒家不是用比特币来购买东西，而是希望通过"低买高卖"赚取差价。这种交易行为的特点是情绪化极强。一条关于监管的新闻、一条名人推文，甚至某个社交媒体热帖，都可能让币价瞬间跳涨或跳水。

2021 年，马斯克一句"特斯拉将接受比特币支付"，直接让比特币价格上涨近 20%；几周后他又发文称"担心比特币挖矿不环保"，比特币价格应声下跌。

③缺乏中央稳定机制

传统金融市场有很多"稳定机制"。当股票暴跌时会触发"熔断"机制；中央银行会通过利率、公开市场操作等工具调控资产价格。但比特币是去中心化的，没有"托底者"，没有人为介入，价格完全由市场决定，缺乏调节的"刹车系统"。

这就导致比特币价格特别容易陷入"羊群效应"——涨的时候大家争相买入，跌的时候大家恐慌抛售，从而引发剧烈的价格波动。

数字货币可以不依赖银行

尽管暴涨暴跌让很多人对比特币"又爱又恨"，但它的底层技术给了我们极大的启发：

数字货币可以不依赖银行，也不需要中心机构，就能在全球自由流通、点对点交易，而且安全可信。

这在传统银行系统是难以想象的事情。跨境转账要走 SWIFT，到账得等 3 天，还要支付高昂的手续费。而比特币展示了一个 7×24 小时全球实时的理想货币模型。

更重要的是，比特币为去中心化金融（DeFi）奠定了基础。从区块链钱包、智能合约、去中心化交易所，到后来的稳定币、NFT[①]、DAO[②]……很多今天热门的 Web3 概念，几乎都是从比特币技术的"土壤"中长出来的。

普通人承受不了"跌宕起伏"

我们来设想一个普通用户的场景。

假设你在 2021 年初收到了一笔 0.5 枚比特币的海外款项，当时比特币价格是 4 万美元。你准备在两周后用这笔钱给女儿交学费，约 2 万美元。

然而两周后，比特币暴跌至 2.8 万美元，你手中的 0.5 枚比特币只相当于 1.4 万美元。你凭空损失了 6000 美元，只因为你选错了"货币"。

这就是比特币作为"支付工具"的致命问题。它太不稳定，没法作为日常生活中的"钱"。

生态封闭，应用受限

尽管比特币被称为"货币"，但你很难用它去超市买菜，也很难用它上网购物。在全球范围内，愿意接受比特币支付的商家非常有限，即使有也常常是出于噱头或公关目的，而非基于其实用性或支付便利——

　　价格波动太大，商家不敢收；

　　结算周期长，链上确认要等几十分钟；

---

① NFT，Non-Fungible Token，非同质化代币，是区块链上的一种独特数字资产，每个 NFT 都拥有不可替代的唯一标识。与可替代的加密货币（如比特币）不同，每个 NFT 都独一无二、不可分割。NFT 可以代表数字艺术品、收藏品、游戏物品等独特资产的所有权。NFT 通过智能合约创建，确保所有权和交易记录的透明性和不可篡改性。NFT 的独特性使其在数字内容所有权和交易中具有广阔的应用前景。

② DAO，Decentralized Autonomous Organization，去中心化组织，是一种基于区块链的组织形式。它通过智能合约实现自动化管理和决策，无需中心化机构。DAO 的规则被编码在智能合约中，确保透明和公正。成员通常通过持有代币获得投票权，参与组织的治理和决策。DAO 允许社区集体管理和分配资源，适用于慈善、投资、社区治理等领域，代表了一种新型的去中心化协作方式。

> 高峰时手续费每笔可达 20~30 美元；
>
> 用户体验复杂，一般人根本不会用手机钱包操作。

比特币成了"有币没用"的典型代表，它更像一种"数字黄金"，只能用来储值，而不能用来消费。

处于监管灰色地带

比特币的匿名性和去中心化特性，也让它成为洗钱、诈骗、非法资金流动的温床。

尽管区块链本身是公开透明的，但链上地址和现实身份并不直接对应。在某些场景下，追踪资金来源和用途十分困难。

因此，全球多个国家和地区对比特币采取了不同的态度——

> 中国明令禁止加密货币交易与挖矿；
>
> 美国允许比特币交易但对其加强监管；
>
> 萨尔瓦多成为全球首个将比特币列为法定货币的国家；
>
> 印度、印度尼西亚、阿根廷监管混乱，政策反复摇摆。

这种政策上的不确定性进一步加剧了比特币价格的波动，也限制了它在更多场景下的真正"落地"。

试图弥补比特币的缺陷——稳定币登场

正是比特币"涨得太猛、跌得太狠"，让人们开始意识到：如果能创造一种"不那么疯狂"的数字货币，那么它也许更适合普通人日常使用。

这就是创造稳定币的初衷。

人们试图在"去中心化"和"价格稳定"之间找到一个平衡点——既保留数字货币自由流通、无需银行账户的优势，同时又规避币值剧烈波动带来的风险。

所以，稳定币的设计通常会引入一个锚定机制：

有些通过持有美元储备来支撑币值；

有些用加密货币作抵押；

有些尝试用算法自动调节供需。

我们将在下一节详细讲述稳定币是如何给数字货币装上一个"锚"的。

从极端到理性

比特币就像一场数字时代的试验革命——它勇敢地挑战了货币制度的权威，创造了一个完全新型的金融系统。但它的极端波动性和受到的现实限制，也让人们逐渐明白，创新的同时，稳定性和可用性同样重要。

就像汽车刚被发明时，虽然跑得快，但没有刹车和安全带，普通人用不了。我们需要一辆更稳定、易用、安全的"数字货币之车"。

稳定币，或许正是这辆车的雏形。

1.4　稳定币从概念到工具

2017 年夏天的某个下午，在纽约布鲁克林的一家咖啡馆里，一位数字货币投资者准备用比特币支付一杯美式咖啡。他打开手机钱包，扫码付款。3 分钟后，交易确认，咖啡被递到他手中。

第二天他回头看账本，发现前一天支付的那笔比特币，若是在今天卖掉，能买 4 杯咖啡。

"用比特币买咖啡，就像用黄金买矿泉水。"他自嘲道，"昨天我花了一杯咖啡的钱，今天才发现，我买的那杯咖啡可能是史上最贵的一杯。"

这类故事在币圈并不少见。随着比特币价格的剧烈波动，它越来越像一种"数字黄金"，而不是现实生活中的货币。正如黄金不适合在超市结账，比特币价格的极度不稳定，也难以让它真正成为一种日常交易的货币。

于是人们开始思考，有没有一种货币，既能保留数字货币的高效和去中心化特性，又能像传统货币那样"稳定"？

这正是稳定币诞生的背景。

从比特币的缺陷中生长出来的"补丁"

稳定币的出现，其实是为了解决一个比特币自身无法解决的核心问题——价格剧烈波动。

比特币不像美元那样有中央银行撑腰，也不像黄金那样有实物支撑，它的价值完全由市场决定，说涨就涨，说跌就跌。对于长期持有者来说，这种波动或许意味着机会；但对于日常使用者、商家、跨境交易者来说，这种不确定性就是灾难。

于是，稳定币应运而生。顾名思义，稳定币是一种被设计出来锚定某种稳定资产（最常见的是美元）的数字货币。也就是说，1枚稳定币等于1美元，目标是始终保持这个等价关系。

但这并不是"许愿"就能实现的，它需要一种具体的机制，来保证锚定关系稳定。

稳定币的发展历史，可以说是一次"用代码创造稳定"的尝试。

USDT 和它的"数字借条"逻辑

世界上第一个真正意义上的稳定币是 Tether 的 USDT，其诞生于 2014 年。

它的核心逻辑是：每发行 1 枚 USDT，背后就有 1 美元存入银行账户作为"储备"。你可以把它理解为，这家公司开了一家"数字抵押银行"，你存入 1 美元，它就借给你 1 枚 USDT，就像借给你一个数字版的"美元"。

这个机制虽然简单粗暴，但效果却很好。因为它解决了两个问题。

一是为数字货币世界提供了"锚"。在加密世界中，终于有一种"价格不变"的数字资产，方便所有人进行交易、储值和计价。

二是为交易所提供了"美元替代品"。很多加密货币交易所没有法定货币通道，也不接受银行转账，但用户可以使用 USDT 作为"美元替代品"来充值和交易。

USDT 迅速在加密货币交易中占据了主导地位。

在 2017 年牛市期间，USDT 就像是币圈的"美元通行证"。没有它，用户就很难参与加密市场的各种交易。截至 2025 年 5 月，USDT 的流通量已超过 1500 亿美元，是全世界使用范围最广的稳定币。

正因为是"第一个吃螃蟹的人"，USDT 暴露了许多问题，尤其是要面对一个核心质疑：它真的有那么多美元作储备吗？

这也为后来的"透明型"稳定币的出现埋下了伏笔。

USDC、DAI 和算法稳定币

在 USDT 大行其道之后，市场上逐渐出现了更多的稳定币。它们大致可以分为三种类型，分别是：

以 USDC 为代表的法定货币储备型稳定币；

以 DAI 为代表的加密抵押型稳定币；

以 UST 为代表的算法稳定币。

①透明、合规的法定货币储备型稳定币

USDC 是由 Circle 发行的稳定币，从一开始就走"高透明、重合规"的路线。

它的基本逻辑和 USDT 一样，每发行 1 枚 USDC，就将 1 美元储存到受监管的银行账户中。但不同的是，USDC 每月都会发布由第三方会计师事务所审计的报告，告诉大家：我们真的有钱。

这让它在金融机构、合规机构中拥有了更高的信任度。2023 年初，USDC 在美国监管部门的支持下，一度成为机构用户的首选稳定币。

截至 2025 年 6 月，全球约有 610 亿美元的资金，正使用 USDC 进行跨国结算、企业融资甚至政府项目支付。

②不依赖银行，但复杂度更高的加密抵押型稳定币

另一种类型的稳定币选择不依靠美元，而是依靠加密资产作为"抵押物"，这就是 DAI。

DAI 由去中心化组织 MakerDAO 管理。用户可以将 ETH 等加密资产锁进智能合约，系统会根据抵押价值生成一定数量的 DAI。你可以把它理解为"用加密资产作抵押贷款，借出 DAI"。

这种方式的最大优点是不依赖银行，更符合去中心化精神。

但它也有缺点，不仅机制复杂、使用门槛高，而且在加密市场剧烈波动时可能引发清算风险。

简而言之，它更像是一种"极客的稳定币"。

③用公式维持稳定，但被现实打脸的算法稳定币

算法稳定币曾被视为最"纯粹"的稳定币。它完全不靠美元、不靠抵押，而是依赖市场机制和算法调节供需来维持价格稳定。

算法稳定币最著名的试验——Terra，其推出的 UST 在 2022 年崩盘，给投资者造成高达 400 亿美元的损失，震惊全球。

它的逻辑过于复杂，我们可以简单理解为，用"1 枚价格不稳定的币"来维持稳定币的定价。一旦市场信心崩塌，依赖算法调节供需的稳定币，也会因价格机制失效而脱锚，导致系统性崩溃。

在 Terra 事件之后，算法稳定币逐渐退出主流市场。这个事件也成为稳定币发展史上重要的"警示牌"。

稳定币真的是"稳定"的吗？

稳定币的目标是让 1 枚稳定币等于 1 美元。这看上去很简单，其实面临许多挑战：

黑箱操作——USDT 曾长期不披露储备细节，遭到监管部门质疑；

信任机制——USDC 虽然合规，但仍依赖中心化公司和美国银行系统；

清算风险——DAI 若抵押资产大跌，会导致系统强制平仓；

监管不确定——稳定币到底是"钱"还是"证券"，各国看法不一。

也就是说，稳定币并不是绝对安全的，它只是比比特币更"稳一点"的替代品。

它的真正价值，不在于它有没有风险，而在于它为数字世界带来了一种"可以用的货币"。

你可以想象它像是一艘连接现实和数字世界的"摆渡船"，一头系着美元，一头系着加密世界。

稳定币如何改变现实世界？

在某种意义上，稳定币不是"数字货币的终点"，而是"数字货币的开始"。它第一次让数字资产真正"可用"——

在乌克兰危机期间，大量 USDT 通过手机转到前线难民手中；

在委内瑞拉恶性通胀期间，稳定币成了家庭间传递"硬通货"的工具；

在菲律宾的"网络打金工厂"里，打工人用游戏赚 USDC 寄回家；

在美国和新加坡的创业者手中，用稳定币支付是跨境结算的首选；

在非洲没有银行账户的农民手中，稳定币是唯一能存得住的"钱"。

这些真实的故事，让稳定币从"炒币世界的工具"变成"现实世界的通道"。

稳定币成为全球的"数字现金"？

有人说稳定币是"互联网时代的美元替身"。在信息自由流通的世界里，它或许比银行账户更容易穿越国界。

如果说比特币是"数字黄金"，那么稳定币就是"数字美元"。它更快、更便宜、更全球化。

未来，稳定币有可能——

成为跨境电商的默认结算货币；

成为打工人跨国汇款的首选通道；

成为发展中国家的"抗通胀护身符"；

甚至成为某些国家和地区的"影子货币"。

它未必能取代传统货币，但可能成为传统货币的补充，尤其是在金融服务缺失的地区或高度数字化的产业链中。

"稳定"是技术，更是信任

稳定币的故事，其实不是关于币的故事，而是关于信任的故事。

在传统金融里，我们信任的是中央银行、商业银行和国家；而在数字世界里，稳定币让我们尝试用代码、算法和资产机制来创造一种新的信任形式。

虽然这并不完美，但它的出现，是数字货币从"哲学概念"走向"实际工具"的转折点。

有了稳定币，数字货币才真正开始走进现实生活。

第 2 章　稳定币到底是什么？

第 1 章，我们从现实生活出发，讨论了为什么人们对"钱"越来越焦虑。通胀让财富缩水，跨境支付又慢又贵，比特币虽然创新，但太不稳定，就像是一辆永不停歇的过山车。

正是在这种背景下，一种被称为稳定币的新型数字资产开始崭露头角。它试图把传统货币的"稳定"和数字货币的"效率"结合起来，变成我们在数字世界中真正能"花"、能"存"、能"信"的货币。

那么，稳定币到底是什么？

它和比特币、支付宝余额、数字人民币有什么不同？

为什么它有机会成为"互联网时代的现金"？

本章，我们将尽可能用简单易懂的方式，一起揭开稳定币的面纱。

2.1　稳定币是数字世界的"代金券"

想象一下你走进电影院，准备买 1 张电影票。

你掏出 100 元现金，窗口售票员递给你一张纸片，上面写着："本券可兑换本影院任意场次电影票 1 张。"

你收下了这张"代金券"。它不是钱，但它代表了你刚才支付的钱，而且未来可以用来兑换等值的服务。这张券的价值之所以被信任，是因为这家电影院还在营业，还认这张券。

稳定币其实就像是互联网世界里的"代金券"

你把真实世界的"钱"（比如美元、人民币）交给某个平台，它把 1 张数字"代金券"发给你。这个"代金券"就是稳定币。

你可以拿这张"代金券"去买东西、换服务，甚至转账、汇款、投资，别人也愿意接收它，因为他们相信"代金券"背后那部分钱还在那里。

我们可以这样简单地类比：

> 1 张电影院"代金券" = 1 次观影资格；
> 1 枚稳定币 = 1 美元真实世界的钱。

稳定币是让你"安心用钱"的工具

我们很多人听到"数字货币"的第一反应就是："这是不是像比特币那样能暴涨暴跌？能让我一夜暴富？"

但稳定币和比特币区别很大。

比特币是资产，是投机者眼里的"数字黄金"。今天涨 20%，明天跌 30%，炒起来很刺激，但用它支付就像用炸药种菜。

而稳定币的目标是稳定。

你今天收到 1 枚 USDT，明天还能买到一样价值的商品——不赚也不赔。

它更像我们熟悉的支付宝余额、微信零钱或交通卡余额，只不过它不是由某个公司托管在后台服务器里，而是由某种机制锚定着真实世界的货币，通过代码运行、全球可用。

换句话说——

稳定币是数字世界里的"安心货币"。

它不能让你发财，但能让你安心地"把钱放进去，随时拿出来，别人也承认"。

生活中的"稳定币"类比

如果你还是觉得稳定币这个概念有点抽象，我们再来打几个比方，看看你是否用过"类稳定币"的东西——

饭卡余额：你往食堂饭卡里充值100元，系统就会生成100个积分，1个积分 =1元饭钱，这就像1枚稳定币。

游戏点券：你用50元买了500游戏点券，这个点券就代表了你支付的钱，它可以在游戏里用来购买皮肤、装备，像是专用场景下的稳定币。

支付宝余额：你往余额里转账，它不是直接"消失"，而是变成一个数字余额，背后仍有资产支撑，这也是一种"数字凭证"。

稳定币与它们的不同点在于，稳定币不是只能在某个平台使用，而是可以在全球互联网上"自由流动"，任何一个支持它的钱包、交易所甚至商户系统都能识别和使用它。

它像是一种可以在数字世界中通用的"代金券"，有些时候，我们甚至可以称它为——

互联网时代的"美元替身"。

海外打工人如何用稳定币给家人汇款

让我们换个视角来看稳定币的"实用性"。

想象一下，你是一个来自菲律宾的海外务工者，在迪拜建筑工地打拼。你每个月要给在家乡的母亲寄回 100 美元。

传统方法是通过银行或西联汇款，手续费率高达 5%~10%，到账时间可能是 3 天左右，甚至更久。

而现在，你的雇主直接把 100 枚 USDT 转到你的数字钱包，你再用手机将这 100 枚 USDT 转给你母亲，她可以去当地小店把 USDT 换成现金。

整个过程只需要几分钟，而且几乎没有手续费，中间没有银行参与，也无需护照和身份证。

这就是稳定币的力量，它让数字世界里的"代金券"变成了现实世界里的"救命钱"。

稳定币是互联网里"可以花的钱"

如果你记不住太多概念，也没关系，你只需要记住这一句话：

稳定币，就是互联网里的"代金券"或"数字现金"，1 枚稳定币 =1 美元，不会暴涨暴跌，可以随时拿来买东西、转账、存钱。

它不是让你发家致富的炒作工具，而是未来我们在数字时代真正"用来生活、工作、交易"的新型货币形态。

在接下来的内容中，我们来具体看看，稳定币到底有哪几种类型，它们分别是怎么运作的，各自又有哪些优劣势。

2.2　通俗讲透三种类型稳定币

如果你把稳定币当作互联网里的"代金券"，那么接下来一个问题就是：

这些"代金券"，到底是谁发的？

又是用什么来"撑住"它的价值的？

在现实生活中，我们不会随便相信一张看起来很花哨的"券"，我们在意的是它背后有没有"抵押"、能不能兑现、是否值得信任。

稳定币也是如此。虽然大家都说"1 枚稳定币 =1 美元"，但支撑它们稳定的机制，其实各不相同。

我们一个个来说。

2.2.1　USDT、USDC 是靠美元撑腰的数字借条

USDT、USDC 这类法定货币储备型稳定币，是目前体量最大、最常用的类型。你可以把它理解为：

我存在银行的每 1 美元，对应发行 1 枚稳定币。你拿着这 1 枚稳定币，随时都可以换回那 1 美元。

换句话说，它就像是数字时代的"借条"或"代金券"，背后是真金白银的法定货币资产，拿到"借条"或"代金券"的人，随时可以去兑换资产。

USDT 是怎么运作的？

USDT 是全球最常用的稳定币之一，由一家名为 Tether 的公司发行。

使用流程大致是这样的——

用户把 100 万美元打给了 Tether；

Tether 收到后，在区块链上生成 100 万枚 USDT；

用户就可以拿着这 100 万枚 USDT 去交易、投资、支付；

　　理论上，只要你把 USDT 还给 Tether，Tether 就会把美元退还给你。这就是所谓的 1 : 1 锚定。

用户把100万美元
打给Tether

Tether收到后，在区块链上生
成100万枚USDT

用户拿着100万枚USDT去
交易、投资、支付

理论上，只要你把
USDT还给Tether，
Tether就会把美元
退还给你

信任从哪儿来？

问题来了。Tether 真的把那 100 万美元放在银行账户里了吗？有没有挪用、是否投资甚至凭空发币呢？

这正是法定货币储备型稳定币最大的争议点：

> 你必须相信发行机构真的有这些钱；
> 而不是自己去查账或通过区块链验证！

这种模式依赖的是"信任"。你相信 Tether 或 Circle 是有信誉、受监管的公司。

所以我们会看到，各大稳定币项目经常发布审计报告、银行托管证明等，就是在"秀肌肉"给大家看："我们没有乱操作，大家可以放心。"

这就像支付宝余额的钱

你充值了 100 元，支付宝后台确实有 100 元被托管在那里。

你可以转账、消费、提现，但你不能随意查看支付宝里有没有真的留着你的钱，你只能相信阿里巴巴不会跑路。

法定货币储备型稳定币是一样的道理。

总结一句话——

> 法定货币储备型稳定币 = 数字化的银行承诺；
> 用现实中的真金白银来"撑住"你的币值。

它最适合需要稳定、普遍接受、安全合规的场景，比如跨境支付、交易所存款、大宗支付等。

2.2.2　DAI 用加密货币当保证金

如果你觉得把信任寄托在某家公司身上不够"去中心化"，那就来看看更具"密码朋克"风格的选择：加密抵押型稳定币。

这类稳定币的核心思想——

我不相信银行，也不相信公司，只相信代码。我用加密货币作担保，让智能合约帮我保值。

这个赛道最著名的案例就是 DAI，由 MakerDAO 这个去中心化组织设计并运行。

DAI 是怎么来的？

生成一枚 DAI 的过程有点像贷款——

你将价值 150 美元的 ETH 质押给智能合约；
智能合约自动生成价值 100 美元的 100 枚 DAI 给你；
这 100 枚 DAI 就是你抵押借出来的稳定币；
你可以使用 DAI，而系统始终盯着你的抵押物价格；
如果你抵押的 ETH 价值暴跌到 120 美元以下，你就得补充抵押或者接受清算，ETH 被强制平仓换成 DAI；
整个过程不需要银行、公司、人工审核，全部由代码控制。

真正"去中心化"无须信任人类

你不需要相信谁，只需要相信代码。只要 ETH 的价值还在、智能合约按规则执行，DAI 就能保持基本稳定。

这对于很多 Web3 开发者、DeFi 用户来说是一种更自由、更透明的选择。

效率低、成本高、易受价格波动影响

因为加密货币价格波动剧烈，系统必须设置超额抵押来避免崩盘。

也就是说，你想生成 100 枚 DAI，可能要抵押价值 150~200 美元的资产，效率其实很低。

而且当 ETH 大跌时，整个系统会触发大规模清算，造成用户信心波动，DAI 本身也会脱锚。

所以虽然"技术上很酷"，但 DAI 并不适用于大规模支付和商业流通。

总结一句话——

　　加密抵押型稳定币 = 用数字资产"押进去"换来的数字美元；
　　没有公司，只有代码。

它是最适合开发者、DeFi 应用场景和去中心化世界的信用系统。

2.2.3　用数学维稳，曾经梦想太美

最后一种，也是最"理想主义"的稳定币尝试，即所谓的算法稳定币。

它的逻辑是——

我不靠美元、不靠加密货币，我靠一套数学机制和市场反馈机制，让价格自动回归 1 美元。

听起来像魔术？实际上，这曾是很多人眼中的"数字货币圣杯"。如果能成功，它将是一种完全不依赖现实资产、无限扩展的货币系统。

UST 崩盘

2021 年，Terra 项目推出的稳定币 UST 市值曾一度超 400 亿美元。

它的机制是这样的：

> *你用价值 1 美元的露娜币（LUNA）兑换 1 枚 UST。*
>
> *如果 1 枚 UST 价格低于 1 美元，套利者可以换进来；*
>
> *如果 1 枚 UST 价格高于 1 美元，套利者可以换出去。*
>
> *系统自动调整供需，让价格回归正常。*

整个设计看上去很完美，但一旦市场失去信心，UST 价格脱锚，人们会纷纷兑换回 LUNA，导致 LUNA 大量增发，进而导致 LUNA 价格暴跌。

最后，整个系统像多米诺骨牌一样崩塌，1 枚 UST 价格从 1 美元一路跌到 0.01 美元，市值灰飞烟灭。

投资人损失数十亿美元，成为算法稳定币史上最惨痛的案例。

数学机制也需要现实支撑

算法再高级，也敌不过人心理的恐慌和市场的连锁反应。

这种"空中造币、数字搭桥"的玩法，一旦用户对其失去信心，崩盘速度比传统银行挤兑还快。

总结一句话——

算法稳定币 ＝ 数学构建的空中楼阁；

理论美妙，实践惨烈。

　　它适合用来开展研究，但现阶段，距离真正稳定、可靠、规模化使用还有很长的路要走。

对于上述三种类型稳定币，我们用表 2-1 进行总结。

表 2-1　三种类型稳定币对比

类型	代表项目	支撑方式	优点	缺点
法定货币储备型	USDT、USDC	真实美元存款或国债	稳定、广泛接受	中心化、需信任机构
加密抵押型	DAI	超额抵押加密资产	去中心化、透明可查	成本高、受加密货币价格波动影响
算法稳定型	UST	供需调节＋市场套利机制	理论完美、无须抵押	高风险、易崩盘、不稳定

资料来源：笔者整理。

三种类型稳定币，看起来都叫稳定币，但它们的运行逻辑、信任基础、使用风险完全不同。

你可以这样来记：

想要稳定又好用？用 USDT、USDC（法定货币储备型）；

想要去中心化、别信公司？试试 DAI（加密抵押型）；

想挑战数学与人性的边界？谨慎围观算法稳定型（别轻易下场）！

下一节，我们将进入更实际的环节：稳定币真的不会涨跌吗？它和支付宝余额到底有什么区别？如果它崩盘了，谁来负责？

2.3　稳定币三问

当你第一次听说稳定币时，或者你已经通过数字钱包用过 USDT、USDC、DAI 这些名字看起来与美元关系密切的虚拟资产，你可能会有下面这些疑问：

它真的不会涨跌吗？

它和支付宝余额有什么区别？

如果它崩盘了，谁来负责？

这节我们就用"三问三答"的方式，把这三个最关键、最常被误解的稳定币问题讲透、讲明白。

为什么稳定币基本不会涨跌？

一句话给出答案，因为稳定币背后有机制撑住"1美元"这个锚点，无论是现实的美元、加密货币担保，还是算法调控。

那它是怎么做到的？

我们在上一节提到过，稳定币的核心是锚定。绝大多数稳定币锚定的是"1美元"，也就是说，无论你在什么平台、钱包、交易所看到它，它的目标价格始终是"1美元"。

而这个"锚"之所以能稳得住，是因为有背后的价值支撑机制——

法定货币储备型稳定币，每一个USDT或USDC的背后都有实际的美元存款或国债作担保，用户可以随时拿稳定币去换回美元；

加密抵押型稳定币，如DAI，是用户质押价值比DAI还高的ETH资产得来的，DAI价格下跌时会触发自动清算，保护DAI不崩盘；

算法稳定币，虽然已被证伪，但其发行方曾尝试用供需机制自动调节币量，让价格回到1美元。

这些机制的本质都是——控制供需、维护信心。

但它们真的完全不波动吗？

老实说，不可能。

稳定币的价格不是一成不变的,它在实际市场上经常有轻微的波动。例如:某一刻 USDT 的价格是 1.002 美元,又或者在某次脱锚事件中 DAI 的价格一度跌到 0.985 美元,在市场严重恐慌时 USDC 的价格也曾短暂下探到 0.89 美元。

这些波动一般都是暂时的、可以恢复的,只要背后的机制还在正常运转、市场信心没有崩溃,它们的价格很快就会回到 1 美元附近。

所以我们说"基本不会涨跌",不是绝对意义上的"完全不动",而是相对于比特币、ETH 这类币动不动涨跌 10% 的"巨幅波动"而言,稳定币的价格波动极小,大多数人在使用过程中感觉不到。

关键点总结:

稳定币之所以"稳定",靠的不是魔法,而是资产支撑、供需调节、市场信心这"三驾马车"。

稳定币和支付宝余额有什么不同?

支付宝余额是国家法定货币在电子钱包中的体现,而稳定币是私人或机构发行的数字美元替身,本质是数字资产。

举个通俗的例子。

你在两家商场购物。第一家商场是"国家开的",你用人民币付款,因为它只收法定货币。这就是用支付宝余额支付。

第二家商场是"私人开的",你用它发的"商场代币"来购物,1 枚商场代币 =1 元人民币,并且能兑换成人民币。这就是稳定币。

如表 2-2 所示,虽然两者都可以"扫码支付",都能买东西,但它们背后的系统架构完全不一样。

表2-2 支付宝余额和稳定币的对比

项目	支付宝余额	稳定币
背后是谁	国家支持、商业银行体系	私人公司、智能合约或算法
是否为法定货币	是	否
是否受国家监管	严格监管	有些受监管，有些不透明
是否有兑付保障	银行兜底	不一定，有时受信用波动影响
是否可用于境内支付	可以	国内支付受限
是否能跨境自由流通	否（有外汇管制）	是（天然跨境）

资料来源：笔者整理。

这么看，稳定币好像更"自由"。

的确，在某些场景下，稳定币的优势十分明显——

跨境转账几乎无门槛，无须银行审批；

可以24小时全球转账；

无须实名、无须客户身份识别（虽然合规趋势正在加强）。

但它也存在问题——

风险较高（如可能遇到脱锚、项目跑路等）；

合规存在不确定性（某些国家限制使用）；

依赖特定平台（如有些钱包无法识别某种稳定币）。

换句话说：

支付宝余额是"安全但局限的"；

稳定币是"自由但有风险的"。

一个现实类比:

支付宝余额像是国家开的"高速公路":规范、安全、有交警,但汽车不能随便开出国。

稳定币像是越野车:能去很多地方,也能绕过主干道,但你得自己会开车、注意路况,小心别翻车。

谁来保证它不会崩盘?

一句话给出答案:稳定币的"稳定",最终靠的是资产支撑、供需调节、市场信心。

但谁来负责?这得看是哪种稳定币。

①法定货币储备型稳定币,由公司负责,靠审计和监管"兜底"

以 USDC 为例,它的发行公司 Circle 会定期发布"储备证明",告诉大家:

我们有 100 亿美元的国债和现金,托管在银行账户里,足以兑付100 亿枚 USDC。

同时,它还受美国监管机构的监管,审计报告公开透明。

一旦出问题,如有人怀疑资金被挪用、银行账户被冻结等,这类稳定币就容易"脱锚"或发生挤兑(如 2023 年硅谷银行事件中 USDC 短暂"脱锚")。

②加密抵押型稳定币,靠智能合约和清算机制实现"自动维护"

以 DAI 为例,它没有公司,也没有银行托管,而是通过去中心化智能合约自动维护抵押比例。

比如系统会设定抵押率必须维持在 150% 以上。

如果 ETH 大跌，质押人的抵押物不够了，系统会自动拍卖他们的抵押物，回收 DAI。

这是一种"无人驾驶"的金融模型。听起来酷炫，一旦发生极端事件，可能会触发大面积清算，造成系统波动。

③算法稳定币，理论上靠机制，实际上靠信心

如 UST 一样的算法稳定币曾经风光一时，号称"永远 1 美元"，但崩盘的教训告诉我们：

一旦市场对机制失去信心，就没人愿意持有它，自动调节机制也救不回来。

UST 的设计就是，当 1 枚 UST 价格跌破 1 美元时，算法会鼓励大家用 UST 兑换 LUNA，以回收流通的 UST。

但 LUNA 一旦贬值、没人接盘，整个体系就像多米诺骨牌一样倒下，最后一起归零。

所以，到底谁来兜底？

稳定币说到底是信用产品，你用它的时候，其实是选择相信一个体系：

相信 USDC 背后的银行和审计？

相信 DAI 背后的代码和抵押机制？

相信算法模型能对抗恐慌和人性？

稳定币不是法定货币，没有人能百分之百担保它永远安全。

所以用稳定币，就像是选队友，你得搞清楚：

你到底在相信谁？出了事，谁会为你兜底？你准备承担什么样的风险？

用稳定币前，三问三查

在你使用稳定币之前，建议先问自己这三句话：

这个稳定币为什么能稳定在 1 美元？（锚定机制是什么？）

它和法定货币钱包的本质区别是什么？（是国家信用，还是市场信用？）

一旦出事，有人兜底吗？（是公司、代码，还是没有谁能兜底？）

如果你能搞清楚这三点，就能像"老司机"一样，安全、高效地使用稳定币，享受它带来的便利，而不是被它背后的复杂系统绊倒。

在了解了稳定币的基本定义、分类机制、常见疑问之后，我们就已经拥有了"用得明白"的能力。

但稳定币的价值并不仅仅是"稳"这么简单。它能被创造出来，并迅速席卷全球支付、跨境清算、金融创新等领域，背后还有着更深层的逻辑。

下一章，我们将从一个更加宏观的角度展开讨论：

为什么稳定币正在重新定义"货币"这件事？

它和美元的地位、货币主权、跨境支付体系，到底有多大的牵连？

准备好，接下来我们要从"是什么"进入"为什么"。

第 2 部分

稳定币如何改变我们的生活？

如果说第 1 部分讲的是"为什么这个世界需要稳定币"，那么接下来的这一部分，就要从普通人的角度，去看看稳定币到底能做什么、怎么用、谁在用，以及它如何悄悄改变了你和我的现实生活。

它不只是技术，也不仅是金融理论。它是一种能落地的工具，一种从黑客圈、币圈悄悄"潜入"真实世界的新型工具，正在被用来汇款、消费、储蓄、抗通胀，甚至维持一个家庭的日常生活。

你可能还没有真正用过它，但你已经生活在一个被稳定币慢慢影响的世界里了。

我们先从一个最直观、最容易感受到差异的领域说起：汇款。

第 3 章　普通人的金融新工具

有一段时间，稳定币被当成是"极客的玩具"和"炒币者的中转站"。

但这种印象好像已经过时了。

如今，稳定币正逐步走入每一个需要"与钱打交道"的普通人的生活，尤其是那些被传统金融系统忽略、冷落和排除在外的人。

他们可能是背井离乡的劳工，是经济动荡国家的普通人，是身处数字边缘地带的自由职业者，是无法办信用卡的年轻人。

稳定币没有身份歧视，也没有营业时间的限制，只要你有一部智能手机，就能拥有自己的"国际钱包"。

这一章，我们将走进几个普通人的故事，从他们的视角，看看稳定币这把"钥匙"，如何在现实生活中为他们打开原本上锁的金融大门。

3.1　从"3 天到账"到"3 秒到账"的跨境汇款革命

阿明在吉尔吉斯斯坦当厨师。他每个月挣的钱，几乎有一半要汇回塔吉克斯坦的老家，供女儿上学、母亲看病。

过去，他每次汇款都得去市中心的汇款服务网点，排队、填写表格、出示护照。手续费高昂，到账还得等 3 天。更糟糕的是，他的家人实际收到的钱往往少了好几美元——不是因为银行抽成，就是因为中间汇率不透明而导致损耗。

直到有一天，阿明的同事递给他一个二维码，说：

你下载这个钱包 App，用 USDT 汇，比银行快，还便宜。

阿明半信半疑地试了一次。3 分钟后，他母亲就发来消息：钱到了，比上次还多了 5 美元。

传统汇款体系的问题有多严重？

这个世界有超过 2 亿人是跨国劳工，他们背井离乡，在发达国家或新兴市场国家打工，把血汗钱汇回老家，支撑着家人的生活。

数据显示，全球跨境汇款每年超过 8000 亿美元，但平均每笔汇款的手续费率高达 6%~8%。也就是说，一个菲律宾劳工从新加坡汇出 1000 美元，家人最终可能只收到 920 美元。

原因很简单——

中间机构太多了，钱从一个国家的银行汇出，要经过境外代理银行、清算银行、接收银行，每层都要收费；

技术也太落后了，SWIFT 建于 20 世纪 70 年代初，跨境转账仍像"发电报"一样，靠人工对账、清算，效率低；

汇率不透明，表面收取 1% 的手续费，实际上机构在汇率换算中"隐性扣除"了更多费用。

很多发展中国家并没有完善的本地金融基础设施。汇款慢、贵、风险高，已经成为数亿家庭的日常焦虑。

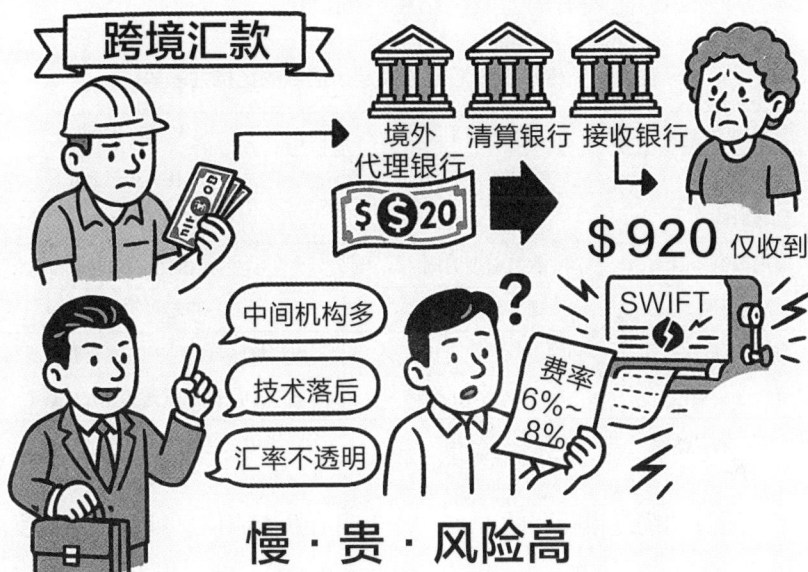

稳定币是怎么改变这一切的?

假设你是一个在迪拜工作的孟加拉国建筑工人,你想把 400 美元汇回老家。

传统路径:

> 去线下汇款机构,如西联汇款;
>
> 提供护照,填写表格;
>
> 支付高额手续费(费率约 6%~8%);
>
> 3 天内到账,存在转账失败的风险。

稳定币路径:

> 用手机打开钱包 App(如 Binance、OKX、Trust Wallet);
>
> 购买 400 美元等值 USDT;
>
> 直接转账到家人钱包;
>
> 3 秒内到账,几乎没有手续费。

如表 3-1 所示，这两者的差别是结构性的。

表 3-1　传统银行汇款与稳定币汇款的结构性差异

项目	传统银行汇款	稳定币汇款
手续费率	6%~8%	<1%（甚至为 0）
到账时间	3 天左右	3 秒左右
时间限制	银行营业时间	7×24 小时随时转账
汇率透明性	通常隐藏差价	公开汇率，链上记录
身份认证	必须进行客户身份识别	视钱包而定，可匿名或轻客户身份识别
最低转账门槛	往往高于 10 美元	可转 1 美元甚至 0.1 美元

资料来源：笔者整理。

稳定币通过"绕过银行"的方式，将全球汇款变成信息传输：用户发出的不是"银行请求"，而是一条区块链指令，钱就像短信一样，从你的手机"发"到了对方的手机里。

谁在用？谁在帮他们用？

也许你会以为，只有币圈、科技圈的人会用这种新的汇款方式。

其实不然。

全球很多发展中国家的年轻人、移民劳工，正在自发地把稳定币当成"主力汇款渠道"。他们甚至不清楚 USDT 背后的金融原理，但他们知道它好用。

以下是一些案例：

　　由于尼日利亚货币贬值，年轻人普遍用 USDT 接收海外亲戚的汇款，使用 P2P 平台将其兑换成奈拉；

　　部分委内瑞拉家庭在 Telegram 上使用"机器人钱包"接收 USDT，再通过朋友或熟人线下兑换成现金；

乌克兰危机期间，本地银行系统已无法使用，大批人通过稳定币汇款或转移资产；

菲律宾自由职业者通过 Upwork、Fiverr 接单后，用 USDC 取代 PayPal 接收工资，到账速度快、安全性高。

而在这背后，稳定币汇款也正在逐步平台化、正规化——

Remitano[①]、Paxful[②] 等平台提供"USDT 即兑服务"；

一些国家的本地货币交易商开始支持 USDT 线下兑付；

全球支付公司（如 Stripe）已开始试点支持 USDC 发放工资。

它只适用于"没有银行账户的人"吗？

不止于此。

稳定币对中小跨境企业、留学生家庭、自由职业者同样有吸引力。

如果你是一个在上海留学的尼日利亚学生，父母要定期从尼日利亚汇生活费给你。传统途径不仅慢，且常常因国际制裁和外汇管制而失败。

用 USDT 汇款，就像是建立了一条"金融专线"，避开了传统系统的烦琐手续和其他阻碍。

有风险吗？当然有

稳定币虽然带来了前所未有的效率和便利，但也不是没有风险——

---

① Remitano 是 2014 年成立的加密货币交易平台，已在超过 100 个国家开展业务，获得马耳他金融监管机构的认证。业务范围包括提供加密货币买卖、钱包、法定货币交易等服务，支持多种加密货币交易。

② Paxful 是一个全球性 P2P 加密货币交易平台，主要提供比特币等加密货币的买卖服务。用户可以在平台上发布交易广告，设定自己的交易条款和价格，与其他用户进行交易，支持多种支付方式，包括银行转账、现金支付等。

首先是处于法律灰色地带，很多国家尚未明确定义 USDT、USDC 是否合规；

其次是诈骗横行，由于操作门槛低，骗子往往以"代收代兑"为名设置陷阱；

再次是平台不一，不同钱包、交易所的稳定币转账方式各不相同，可能出现地址错误或误操作风险；

最后还有价格脱锚风险，虽然少见，但当出现恐慌时，价格仍有可能大幅偏离。

因此，要安全使用稳定币汇款，就需要——

选择主流稳定币（如 USDT、USDC、DAI）；

使用可靠的钱包和交易平台；

了解基本的转账操作；

最好能教会接收人如何使用或兑换。

稳定币，正在悄悄重塑全球汇款格局

稳定币并不只是"数字美元"，更像是一种新型的全球金融语言，让原本在系统边缘挣扎的人，第一次拥有了与世界链接的能力。

这不是遥远的未来，而是正在发生的现实——

吉尔吉斯斯坦的厨师、委内瑞拉的母亲、上海的留学生……

他们都不是"币圈人"，但他们正在用稳定币改变生活。

在跨境汇款这个全球交易的"毛细血管"中，稳定币已经成为流动的新血液。

接下来的章节，我们将继续从普通人的角度出发，看看稳定币如何在经济动荡国家，成为人们用来保值资产、抗通胀的金融武器。

3.2　新兴市场国家求生记

土耳其家庭如何用 USDT 保住购买力？阿根廷人如何用稳定币网购进口纸尿裤？一切听起来像金融科技的进步，实际上是一个个家庭求生的故事。

2021 年，伊斯坦布尔的厨房

阿伊莎是土耳其伊斯坦布尔一位普通的家庭主妇，她的丈夫是一名出租车司机。她有两个孩子，大的 8 岁，小的还在吃奶粉。

3 年前，她去超市买 1 升牛奶要 4 里拉，今天再去已经要 27 里拉了。

她曾试图把里拉"省着花"，但没用。她说："我买的不是牛奶，是'水里的月亮'。"

她第一次听说 USDT，不是在科技新闻中，而是邻居口中。邻居家做代购生意，把每月收入换成 USDT 放在手机钱包里。

阿伊莎开始尝试在 Telegram 上购买 USDT，每次少量存入数字钱包作为备用金。"买牛奶之前，我先查一下汇率。"她笑着说，"USDT 在这儿比金子还稳。"

钱在你手里，却不断缩水

土耳其普通家庭的故事，并不是特例。

在阿根廷、尼日利亚、津巴布韦、黎巴嫩、委内瑞拉……一个又一个国家的普通家庭都在经历类似的梦魇：

不是他们不努力赚钱，而是货币的价值，在他们还没来得及使用时，就已经被"偷走"了。

这不是夸张，而是真实的数据。

阿根廷 2023 年通胀率高达 211%，货币平均每月贬值 15%。本国货币比索基本没有储值功能。

2021—2024 年，土耳其里拉对美元汇率贬值超过 70%，普通人储蓄缩水严重。

自 2015 年以来，委内瑞拉多年通胀率超过 10000%。部分商家直接改用美元或 USDT 标价。

尼日利亚官方货币奈拉官方汇率与黑市汇率长期脱节，导致本地人信心崩溃。

这些国家有一个共同点，即法定货币失去了"信任"功能。

而当货币不再可信时，人们自然要寻找替代方案。

为什么是稳定币，而不是美元？

你可能会问，既然大家都想保值，为什么不直接换成美元现钞？非得用 USDT、USDC 这些"区块链玩意"？

答案其实很现实：美元很难搞到。

在这些国家，政府往往对美元有严格的管控。普通人换美元需要申请、排队、支付溢价，甚至需要去"黄牛市场"。

纸币携带也不方便。

安全问题是关键。在动荡国家，人们尤其是女性和老人拿着一沓现金，等于自带"可被抢劫"标签。

银行系统不可信。高通胀通常伴随着政府对本国银行的严控。冻结账户、外汇管制、资本管制等措施屡见不鲜。

稳定币流通更快。稳定币可以像微信钱包余额一样在亲友之间流通，还能通过 P2P 市场兑换本地现金，灵活便捷。

所以，在这样的环境下，稳定币成为平民阶层最"实用"的金融工具。

它不需要你信任政府，不需要你依赖银行，你只需要一部智能手机和一段助记词[①]。

纸尿裤与 USDC

何塞是一位住在阿根廷布宜诺斯艾利斯的年轻父亲，原来是程序员，后来因为经济下滑被公司裁员，之后开始自由接单做生意。

他的儿子出生后，他第一次真正感受到货币贬值的"魔爪"。进口纸尿裤一个月涨价两次，等他工资到账时，价格早已今不如昔。

他说："我干脆提前用 USDC 在国外电商网站买一箱纸尿裤寄来。哪怕运费贵，也比等着比索贬值更划算。"

他通过 Stellar 网络上的一个钱包收取客户支付的 USDC，经阿根廷本地 Telegram 渠道兑换成美元现金或预付卡，再在墨西哥或智利的电商网站下单。

"我只是个爸爸，不想让孩子用不干净的东西。但在阿根廷，你必须变聪明，否则就会变穷。"

---

① 在区块链领域，助记词（Mnemonic Seed）是一组用于恢复加密货币钱包的词组，是方便用户记忆和备份钱包的私钥。用户创建一个新的区块链钱包时，钱包软件会生成一串随机数，然后通过特定算法将其转换为一组易记的词组，通常由 12~24 个单词组成，这组词组就是助记词。如果用户的设备丢失、损坏，或者钱包文件出现故障，用户可以使用助记词来恢复钱包，重新获得对加密货币资产的访问权限。用户只要记住助记词并按照正确的顺序输入，就可以在另一台设备上重新创建相同的钱包，而无须重新生成私钥。

稳定币在"家庭经济战略"中的角色

如表 3-2 所示，在这些国家的家庭预算中，稳定币被赋予了明确角色。

表 3-2　稳定币的新角色

家庭场景	稳定币用途
备用金储蓄	防止本币贬值，保持购买力
网购	用于海外平台或境外支付
接收境外汇款	接收亲戚境外汇款，规避高汇率损失
小额投资	参与 DeFi 或 Crypto 赚取利息
店铺结算	私人商贩用稳定币作计价单位，规避价格波动

资料来源：笔者整理。

在委内瑞拉，甚至有理发师用 USDT 为理发服务定价。30 分钟男士理发，等值 5 枚 USDT，客人扫码付款。理发师说："理发今天 5 刀[1]，明天也 5 刀。玻利瓦尔就说不准了。"

稳定币流通的"灰色管道"

在这些国家，最活跃的稳定币交易所不是 Binance，不是 Coinbase，而是社交软件群组——

Telegram 群每日更新黑市汇率；

沃茨阿普（WhatsApp）组里有专职"稳定币黄牛"收兑本地货币；

用户口口相传常用钱包与转账规则；

某些群甚至创建"信誉评分系统"。

---

[1]　口语中美元也简称为"刀"。

这看起来像是一种"地下经济"，但对很多家庭来说，却是唯一能维系日常生活的网络。

稳定币在此既是"货币"，又是"信任的符号"。

夹缝中的政策与监管

各国政府对这种现象的态度，可以用一句话总结：

你不能公开鼓励，但也不能完全封杀。

比如——

阿根廷官方对美元交易进行严格限制，但在实际执行中，却对稳定币"睁一只眼闭一只眼"；

土耳其一度封禁了部分交易所，但对个人持有的 USDT 缺乏有效监管；

尼日利亚 2021 年禁止银行处理加密货币交易后，P2P 稳定币交易量反而飙升；

黎巴嫩的银行系统濒临崩溃，稳定币反而成为社会稳定器。

这种"地下合规"的状态让稳定币得以悄然渗透到社会基层，成为真实且重要的金融选择。

稳定币成为一种"生存工具"

在这里，稳定币不是在推动金融创新，它只是帮助普通人在一个糟糕的经济环境里，少亏一点，撑得久一点。

当一位母亲用 USDT 支付儿子的学费、当一个商贩靠 Telegram 群维持店铺进货……

这些人不是在炒币，也不是在开展科技革命，他们只是在用一种新的方式，对抗不公的旧系统。

动荡世界里的另一种"稳定"

在世界金融的洪流中，那些无声的角落里，稳定币正在成为底层生存的"微型制度替代品"。

它不像美元那样高高在上、掌控全球经济命脉，也不像比特币那样理想主义、强调去中心化。

它只是实用、便捷、稳定、足够可信的货币，就像"数字时代的美元"，成为动荡世界中的平静水面。

当传统制度崩坏时，稳定币不是完美答案，但它可能是最切实际的选择。

下一节，我们将走出"求生"阶段，进入"生活"本身，探究稳定币如何应用于在线消费场景——从电商平台到自由职业者，看它如何在看似发达的数字生活中，提供新的选择。

3.3 在线消费新方式

你有没有想过，有一天，我们在网上购物时，不再绑定银行卡，也不用支付宝或微信支付，而是用一种"数字美元"直接付款？

对于许多身处金融管制严格的国家、从事跨国工作的自由职业者，或者只是希望多一份金融自主权的普通人来说，这种场景已然成为现实。

稳定币，尤其是像 USDC 这样的"数字美元"，正在改变人们的支付方式。

一位菲律宾设计师的收款故事

先讲一个真实的案例。

玛雅是一位住在菲律宾马尼拉的自由职业者，主要为欧美客户做 UI（用户界面）设计。

过去，她完成一个项目后，客户通过 PayPal 支付美元，平台扣除约 5% 的服务费，菲律宾银行还要再收一笔手续费……到她手里时，100 美元只剩下约 90 美元，且到账时间通常需要 3 天左右。

2023 年，有个客户问她："你有没有 USDC 钱包？我可以直接转过去，没有手续费，立马到账。"

玛雅在朋友的帮助下注册了 Polygon 网络上的 USDC 钱包。客户打款后，她即刻收到了等值 100 美元的稳定币。她可以选择——

> 直接将 USDC 兑换成菲律宾比索提现；
> 或者在本地电商平台上用 USDC 消费；
> 甚至将 USDC 放入 DeFi 应用中，赚取年化收益率 3% 的利息。

"那一刻我觉得，我成了自己的银行。"玛雅笑着说。

数字钱包变成全球小商户的收银机

不仅是自由职业者，越来越多中小电商、内容创作者、跨境卖家也开始接受 USDC 或 USDT 作为付款方式。

原因很简单——

> 国际客户更愿意用。稳定币全球通用，省去换汇麻烦，尤其对来自

欧美国家和地区的客户来说支付更方便。

几乎没有平台中介费。PayPal、Stripe 等平台动辄收取 3%~6% 的服务费，而稳定币钱包几乎免费。

到账速度快。链上转账可实现秒级到账，避免传统银行的 3 天左右的等待周期。

账户不易被冻结。尤其对身处经济或政策不稳定国家的小商户来说，这是关键。

一位尼日利亚出售二手电脑零件的电商卖家说得很直白：

PayPal 说冻结就冻结，我连解释的机会都没有。USDC 钱包是我唯一的收款渠道。

稳定币支付的"前哨战"

2024 年，部分中型电商平台开始探索将稳定币作为支付选项。例如——

Shopify 集成 USDC 等稳定币支付插件，允许店主接收链上付款；
Overstock 允许用户以稳定币购买家具与家居产品；
OpenSea 等 NFT 平台将 USDC 作为标准支付货币；
Telegram 频道商店可用 USDT 直接购买数字商品或订阅服务。

这些实践仍处于早期阶段，但它们预示着一个趋势，即稳定币正在打破虚拟世界与现实交易之间的界限。

你可以用稳定币买什么？

今天，在部分国家和地区，你可以用 USDT 或 USDC 购买如表 3-3 所示的商品或服务。

表 3-3　USDT 或 USDC 可以购买的商品或服务

商品或服务	渠道或平台
海外代购商品	Telegram 群、独立电商平台
数字产品（课程、软件、游戏）	ThriveCart Pro、Loop Crypto 独立渠道，接受 USDC
远程服务（写作、翻译、设计）	LaborX 平台收款
服务器等技术工具	部分提供商接受稳定币付款
打车、外卖（部分国家）	在尼日利亚、黎巴嫩等地可使用 USDT 付款
房租、学费（部分学校）	部分大学或机构正试点接受稳定币支付

资料来源：笔者整理。

虽然这些应用还没有成为主流支付方式，但正在迅速渗透到无法被现有金融体系覆盖的市场缝隙中。

"无银行人群"的数字钱包

全球有超过 10 亿成年人没有银行账户（世界银行数据），他们往往是因为——

居住地偏远，银行网点难以覆盖；

收入不稳定，无法满足最低账户余额要求；

缺乏身份证明，难以通过开户审核。

而这些人中，超过 10 亿人都至少拥有一部智能手机。

于是，稳定币就成为他们"跨越银行门槛"的第一步——

它不需要身份证明，仅需生成一个地址即可启用；

它无需开户费或账户维护费；

它全天候运行，不受节假日影响；

它全球通用，支持跨境转账或收款。

从这个角度看，稳定币是一种极具潜力的"金融普惠工具"。

网络自由职业者的护身符

在平台经济中，自由职业者常常处于弱势地位，因为——

> 平台付款规则不透明；
>
> 账户被平台随意冻结无处申诉；
>
> 汇率损失、到账延迟等问题频繁发生。

而稳定币的兴起，为他们提供了替代方案——

> 自由议价，绕过平台；
>
> 收款更快，资金秒到账；
>
> 可存入加密账户赚取利息，对抗通胀。

一位处在战争环境下的远程程序员在 GitHub 上留言说：

> 我失去了房子和城市，但 USDC 让我继续为客户写代码、为家人挣面包。

这不是金融科幻小说，而是现实世界中的新生存技能。

稳定币引发的小规模结算革命

如果说上一代互联网让"知识"和"信息"跨越国界，那么稳定币正在让"支付"和"财富"跨越国界。

它打破了地域壁垒，让人们无须依赖大银行、不需要通过信用评级甚至不需要护照，也能参与全球经济活动。

未来，或许你的孩子在海外兼职教中文，报酬是 USDC；你在淘宝委托国外画师设计头像，对方要求支付 USDT；网红博主朋友告诉你："最近广告商都开始用稳定币结账了，转账快，还不被平台抽佣。"

稳定币不是替代货币，而是补缺口

有些人可能会问："稳定币是不是想取代传统货币？"

其实不然——

在中国，支付宝、微信支付早已覆盖大部分应用场景；

在欧美等国家和地区，信用卡 + Apple Pay 基本可以应付所有在线消费；

但对跨境支付、自由职业结算、平台外小额交易等场景，仍有大量需求未被满足。

稳定币的使命不是"代替"，而是"连接"——

它连接了无法用信用卡付款的人与海外商品；

连接了不愿忍受平台压榨的创作者与愿意直接支付的客户；

连接了普通人和数字经济中的自由选择权利。

稳定币为"消费自由"插上翅膀

一位身处孟加拉国的制图师曾说过一句话：

稳定币不是让我变富，而是让我可以选择。

这是今天稳定币在消费领域最重要的意义：它赋予我们选择的权利——

选择如何收款，选择在哪儿购物，选择是否绕过传统金融巨头。

　　对那些在全球平台中默默打拼的个体来说，稳定币或许就是那个能帮他们把劳动换成价值、把价值变成生活资本的关键节点。

　　在下一章我们将更进一步探讨稳定币如何作为产业基建，在企业、金融机构甚至国家层面逐步发挥战略作用。

　　这是从"个人工具"到"宏观力量"的跃迁。

第 4 章　企业也在用稳定币

在第 3 章中，我们看到稳定币正悄悄改变着普通人的生活，无论是菲律宾的设计师、土耳其的家庭，还是阿根廷的父亲，他们都在用"数字美元"创造金融自由的小奇迹。

但稳定币的故事，远不止于个人层面的收付款。

它正在成为企业财务工具箱里的新工具，尤其对那些跨国运营、资金调度频繁或身处高汇率风险国家的公司来说，稳定币早已不再是"加密圈专属"货币，而是切实的业务利器。

从硅谷初创公司到东南亚电商平台再到中东能源供应商……稳定币正在企业界广泛应用，有的用它绕过外汇管制，有的靠它压缩资金成本，有的甚至已经将其嵌入核心业务流程。

那么，企业到底如何用稳定币做财务"魔术"？

这是不是一种"灰色操作"？是否安全？合法吗？

本章将为你揭开谜底。

4.1　跨国公司的新财技

让我们从一则新闻开始。

2022 年，一家总部位于阿根廷布宜诺斯艾利斯的出口企业公开宣布，开始通过 USDC 向位于美国、巴西和欧洲的供应商和客户进行收付款。原因很简单，阿根廷的外汇政策太紧了。

在阿根廷，如果一家企业要从银行汇出美元，必须经历漫长的审批流程，还要以官方确定的低汇率兑换比索，且常被拒绝汇出。

于是，这家公司决定，既然汇不出去美元，就用"数字美元"——USDC！

这家公司把部分比索兑换为 USDC，然后通过链上转账，几分钟内就完成了付款，收款方直接收到可以随时兑换美元的稳定币，避开本国外汇管制机构的层层限制。

外汇限制下的"数字通道"

这不是孤例。在很多外汇政策较紧的国家，稳定币已成为企业间"灰色但实用"的资金通道（见表4-1）。

表4-1　企业由于外汇管制而采取的常用手段

国家	外汇管制情况	企业常用手段
阿根廷	严控美元汇出，官方汇率与黑市汇率差距大	用 USDT、USDC 进行跨境结算
尼日利亚	汇率波动剧烈，银行美元短缺	以稳定币支付进出口合同款项
伊朗、委内瑞拉	被制裁，银行系统受限	通过稳定币进行"地下清算"

资料来源：笔者整理。

在这些国家，企业使用稳定币的动机很明确——

一是保值，稳定币挂钩美元，规避本币贬值风险；

二是效率，秒到账，不受银行节假日限制；

三是合规灵活性，虽然不一定"完全合法"，但监管难以有效追踪资金流。

这正是稳定币独特的"多面角色"，它既是效率工具，也是风险规避手段。

跨国支付节省 98% 的手续费

再来看一个"正规军"的案例。

一家设在新加坡的跨境软件公司，每月需向位于东欧的开发团队支付薪资。过去使用 SWIFT 银行转账流程如下——

> 公司从新加坡账户汇出款项；
>
> 经由中转银行清算，再途经 1~2 个国际中介银行；
>
> 抵达匈牙利或波兰的银行账户；
>
> 每次手续费 50~80 美元，且汇率不透明；
>
> 耗时 2~5 个工作日。

后来公司试着通过 USDC 支付，流程如下——

> 公司将新加坡元兑换成 USDC（通过 OTC[①] 或 Binance）；
>
> 向员工链上转账 USDC；
>
> 员工收到后选择保留 USDC、兑换法定货币或投资。

结果，手续费从 60 美元降至不足 1 美元；转账时间从 3 天缩短至 10 分钟；员工可以选择在汇率合适时兑换为本地货币。

公司财务负责人说："我们不是投机者，我们只是想要一种更便宜、更灵活的支付方式。"

---

① 在区块链和金融领域，OTC（Over-The-Counter）指场外交易，即不是在正式交易所内进行的交易，而是交易双方直接协商完成资产转移。

稳定币 + 区块链打造企业资金"高速公路"

企业进行跨国资金操作时，经常面临一个大问题：资金调度效率低。

例如，总部在新加坡，分公司在印度和印度尼西亚，合作方在迪拜和墨西哥，每笔付款都要面对不同的汇率、手续、审批流程和延迟时间。

稳定币 + 区块链提供了一个新模型——

统一货币单位（如 USDC），规避换汇损耗；

链上透明结算，资金流可追踪；

智能合约自动支付，避免人为失误；

7×24 小时无中断，全球资金"实时移动"。

这不止是一种"便捷"，它正在从根本上重构企业资金池管理模式。

稳定币也开始在阳光下使用

有人可能会问：这种"绕过监管"的方式靠谱吗？合法吗？

现实情况是，在许多国家，稳定币在企业的应用正从"地下"走向"地上"——

新加坡、瑞士、阿联酋等国已推出清晰的稳定币监管框架；

Circle 与 Visa、Mastercard 合作推动企业结算；

部分银行开始试点稳定币转账服务，帮助企业合法合规地使用稳定币。

换句话说，随着稳定币在企业的应用范围不断扩展，其正逐步摆脱负面标签，并被主流金融体系接纳。

大公司也在入场试水

你可能不知道，部分世界 500 强企业也在试验用稳定币结算——

Visa 已使用 USDC 在 Solana 和以太坊区块链上结算部分客户交易；

Stripe 宣布支持 USDC 跨境支付；

Shopify、Adobe 等平台允许卖家接受稳定币付款；

摩根大通也推出了自己的企业稳定币 JPM Coin，用于机构间清算。

这些动向表明，稳定币不再只是小圈子的工具，而是跨境企业支付新基础设施的组成部分。

合规是关键，但不是障碍

当然，企业使用稳定币面临的最大的挑战，仍然是合规与监管。

不同国家的监管力度不同，部分地区尚未明确稳定币的法律地位，有些则将其视作"高风险资产"，而合规的关键在于——

如何验证资金来源合法性；

如何防范洗钱；

如何报税和记账。

这对企业提出了更高的要求，但也催生出一批"合规稳定币支付服务商"，例如——

Circle 提供企业应用程序接口（API）；

Fireblocks[①] 提供数字资产托管与清算服务；

RAMP[②]、MoonPay[③] 等提供法定货币与稳定币兑换通道。

未来，谁能把稳定币"用得合规"，谁就能在全球业务中抢得先机。

稳定币不是"灰色操作"，而是新金融语言

也许现在的稳定币支付还在边缘地带摸索，但正如早期的电子邮件、云存储、二维码支付一样，它一开始被视为"新奇的小玩意"，但最后改变了商业通信、数据存储、支付的格局。

稳定币正在成为全球企业财务语言中的一种"新方言"——

---

① Fireblocks 是为企业级客户提供数字资产存储、转移和发行的数字资产安全平台。通过多方计算（MPC）技术与芯片隔离技术，该平台为银行、交易所、流动性提供商、OTC 和对冲基金等金融机构，提供数字资产的安全管理与传输服务，保障资产在交易过程中的安全。

② RAMP，全称为 Reserve Advisory & Management Partnership，是由世界银行管理的能力建设项目，旨在为官方机构提供技术援助、培训和咨询服务，促进良好的治理和健全的投资管理实践，帮助成员机构构建和提升金融资产的管理能力。

③ MoonPay 于 2019 年成立，总部位于美国，提供便捷的加密货币买卖服务，支持用户通过 Apple Pay、Google Pay、PayPal、Venmo 和银行转账等多种支付方式买卖加密货币，还支持 DeFi 交易，用户可通过非托管钱包直接连接去中心化交易所进行交易。

　　它没有国家边界；

　　它天生具备自动化、实时性特点；

　　它适应了一个不再等待银行审批的世界。

数字工具的大战略

跨国企业使用稳定币，不仅因其便宜好用，更因其代表着一种更灵活、更全球化的金融思维方式——

　　如果说过去的公司财务工作是"写报表"；

　　那么未来的公司财务工作是"写智能合约"。

下一节，我们将聚焦稳定币的另一类重要用户——全球数以亿计的小微商户。

这些小微商户既没有全球化公司的人才团队，也没有庞大的合规部门，却同样在用稳定币撑起自己的生意，在全球市场中立足。别小看这些"路边摊老板"，他们正用稳定币连接世界。

4.2　小微商户的生存利器

"银行不欢迎我，但我照样做国际生意。"

这句话出自一位生活在菲律宾宿务岛的自由职业者凯文之口。他为欧美客户制作短视频，收入不算丰厚，但每月也有几百美元进账。

但问题在于，他没有银行账户。

不是他不想开，而是：

　　他住的社区没有银行网点，而且银行还要他提供税单和正式雇佣合同。他做自由职业，根本没有这些材料。

在菲律宾，像他这样的"小人物"还有几百万。他们是出租车司机、网络代购、手工艺品作坊主，或是在自家厨房里经营美食外卖的小店主。

过去，他们没有机会参与全球经济活动，但现在，一种叫作稳定币的东西，正在悄悄打开一扇窗。

"没有银行账户"的商人们如何做跨境生意？

先来看一个印度的案例。

阿努是印度孟买一家织布厂的小老板，他的客户集中在中东和东南亚地区。过去他总是要托人带现金，或者请"黑市中介"代收货款，手续费率高达10%。

后来，他用上了 USDT 钱包。客户下单后，USDT 被直接转入阿努的加密钱包，他再通过当地 P2P 平台把 USDT 兑换成卢比。

流程简单、快捷。手续费率还不到 1%。

"我不懂什么是区块链，但这个比银行转账速度快，也没人查我有没有营业执照。"阿努笑着说。

在阿努这类人眼中，稳定币不是"货币革命"，它就是个能用的钱包。它不问你是谁、不在意你的信用、不让你排长队填表格，只要你有一部智能手机，就能启动自己的"小型业务"。

P2P 稳定币经济正在崛起

2023 年 1 月至 2025 年 2 月，全球稳定币交易结算规模达 942 亿美元，大量交易来自发展中国家和地区的小微商户和自由职业者。一些区域的稳定币应用场景如表 4-2 所示。

表 4-2　一些区域稳定币应用场景

区域	特点	稳定币应用场景
东南亚	银行覆盖不足，汇款慢	用稳定币收取外贸款、自由职业收入
拉丁美洲	本币贬值幅度大，银行信任度低	用稳定币进行进出口结算
撒哈拉以南非洲	银行门槛高，手续复杂	用稳定币收取电商款、游戏服务收入

资料来源：笔者整理。

在非洲尼日利亚，很多游戏开发者在承接欧美客户的项目订单时，常因 PayPal 无法到账而发愁。现在，他们直接通过 USDC 收款，再借助 P2P 平台换成奈拉。

在拉丁美洲哥伦比亚，从事代购的家庭作坊利用 Telegram 机器人接单，客户直接使用 USDT 付款，省去了中介成本和汇率成本。

这些地区的商人既没有注册公司，也没有听说过"国际结算体系"，但他们却在稳定币的帮助下，悄悄成为"全球供应链"的一环。

为什么稳定币"比银行还像银行"？

从商户的角度看，他们使用稳定币主要是因为以下四个原因。

①开户门槛低

在银行开户要提供身份验证、住址证明、税务资料；稳定币钱包只需要一个 App、一个邮箱，几分钟即可申请完成。

②跨境到账快

传统银行跨境转账需要 3 天左右；稳定币几秒钟即可到账，且不受节假日影响。

③费用低

银行中介费用高，还涉及汇率差；稳定币转账手续费接近零，无汇率损耗。

④无须本地金融系统支持

在缺乏信用体系的地区，银行服务缺位，收款过程极为复杂；稳定币直接点对点交易，无中间商介入。

这就像是跳过了所有"传统门槛"，用一部智能手机直接进入了"全球经济圈"。

电商卖家的新武器

我们来看一个电商平台的实际应用。

在 Shopify 平台上，乌干达手工艺品商户玛丽开始使用 USDC 收款。她的客户遍布欧洲和北美洲，过去需要通过 PayPal 收款，常面临手续费高、到账慢的问题。

后来她接入了一个 USDC 支付网关，客户只需要扫描二维码，几分钟就完成付款。

玛丽把收到的 USDC 通过本地 P2P 平台换成本地货币，或直接用于采购原材料、支付员工工资。

更重要的是，玛丽从没进过银行，也不懂金融，但她却能用一部手机就经营一个全球小生意。

稳定币让她的生意不再局限于村庄，而是"生而全球"。

稳定币正在成为"新现金"

在很多地方,稳定币正被当作一种新的"电子现金"——

它没有利息,但可以马上使用;

它不靠信用体系,而靠自我托管;

它不属于任何国家,却能买到全世界的商品。

正如移动支付改变了中国街头摊贩的收款方式,稳定币也正在改变世界各地小微商户的生存方式。

汇率波动、诈骗与私钥丢失、合规边界模糊

当然,使用稳定币也并非没有风险。

①汇率波动

虽然 USDT 等稳定币锚定美元,但本地换汇仍可能出现价格波动,尤其是在需求高峰期。

②诈骗与私钥丢失

许多小商户缺乏数字安全意识,曾有人被"高收益投资"骗局骗走了 USDT,也有人因私钥丢失而无法找回资产①。

---

① 在区块链上,私钥丢失会导致资产无法找回,这是由区块链的加密和去中心化特性决定的。私钥是一种加密数字代码,与加密货币钱包关联,用户可以使用私钥来证明其对加密货币资产的所有权,从而在区块链上进行交易。当用户发起一笔交易时,需要使用私钥对该交易进行数字签名,以验证其身份并授权交易。区块链系统使用这种加密算法来确保交易的安全性和不可篡改性。如果私钥丢失,就无法生成正确的数字签名来证明用户对资产的所有权,因此也就无法进行交易、无法访问或转移钱包中的资产。区块链是去中心化的,没有一个中央机构来管理或控制加密货币资产。在银行系统中,如果用户丢失了账户密码或银行卡,可以向银行申请重置密码或挂失补办银行卡。而在区块链中,没有这样的中央机构来帮助用户恢复丢失的私钥。

③合规边界模糊

在某些国家，稳定币的使用处于灰色地带，既没有被明确允许，也没有被禁止，商户常"打擦边球"。

这意味着，虽然稳定币是"自由的工具"，但使用它也需要具备更强的数字素养与风控意识。

"草根"全球化的新入口

稳定币对小微商户的意义，在于它打破了金融身份壁垒，不再让"有银行账户的人"独享全球化红利。

今天的互联网世界，你不需要办公室、不需要雇员，甚至不需要银行账户；你只需要一个手机钱包，就能经营一家面向全球的"小公司"。

稳定币像一条新的"数字丝绸之路"，联结起被金融体系遗忘的人群。他们不一定懂区块链，却用它构建起自己的数字生计网络。

下一节，我们将看到稳定币的另一面。在一些敏感领域，它常被用于逃避监管；但同时，也可能成为特殊环境中最现实的选择。

4.3　稳定币在灰色地带扮演的"合法"角色

2022 年 2 月，俄罗斯遭遇西方国家全面制裁。包括 SWIFT 在内的多个跨境金融系统对俄罗斯实施封锁，导致俄罗斯大量企业和普通人被迫寻找替代方案。

那段时间，在 Telegram 上活跃着一个俄语频道，标题是：

USDT 转账换卢布，到账快，无需银行。

对许多普通俄罗斯人而言，使用 USDT 不是"逃避制裁"，而是一种"活下去"的尝试。稳定币成了他们跨境转账、购买海外商品甚至跨境结算的唯一工具。

从委内瑞拉到伊朗，从阿富汗到黎巴嫩，无数身处动荡地区的人，正通过稳定币维系着基本的生活秩序。

"灰色用途"地图

如表 4-3 所示，在全球不同国家，稳定币受到了不同对待。

表 4-3　稳定币在不同国家面临的法规状态

国家	状况	稳定币使用方式	法规状态
委内瑞拉	高通胀、法定货币崩溃、资本管制	USDT 被用于工资发放、跨境采购、兑换美元	未明确禁止，实为默认存在
伊朗	被全球制裁、美元结算受阻	企业使用 USDC 绕开制裁收款	部分地下交易活跃
阿富汗	美军撤离后银行系统瘫痪	非政府组织通过稳定币给难民发放援助资金	非法但难以监管

资料来源：笔者整理。

这些案例显示，稳定币往往不是在最"合法"的地方最活跃，而是最困难的地方的必需品。

正如比特币在 2008 年全球金融危机之后应运而生，稳定币也在"失序的金融环境"中凸显价值，无论这种价值是否得到了监管层面的认同。

工具的中性与用途的道德灰度

一把锤子可以用来建房子，也可以砸玻璃。稳定币就是这样的工具。

在委内瑞拉，一个家庭用 USDT 保住了养老金的实际购买力；在黎巴嫩，医生通过稳定币收取海外会诊费。而在一些国家，赌博网站通过稳定币绕开监管直接收款；在暗网市场上，稳定币被用于非法药品或数据交易；一些诈骗集团利用 USDT "无监管"特性套现。

这就引发了一个伦理问题：

如果一个工具既能拯救困境中的人，也能滋养灰色市场，我们是该禁止它，还是该规范它？

答案从来不简单。

监管者面临的两个挑战

稳定币的"无边界性"让它天生不受单一国家控制。

例如，USDT 的发行机构 Tether，注册于英属维尔京群岛；USDC 的发行机构 Circle 在美国，但全球用户可以随意持有、转账、兑换 USDC。

这至少带来两个监管挑战。

一是技术绕过。即便一个国家禁止稳定币交易，但用户仍可以通过 VPN 访问钱包、通过 P2P 交易平台完成操作，监管部门很难做到"封死"。

二是监管空白。稳定币不像银行账户那样绑定真实身份信息，多数钱包允许匿名地址自由转账，无法做到像银行那样进行客户身份识别。

一些国家的金融监管机构对此表示担忧，欧洲中央银行曾表示：

稳定币若成为逃税、洗钱、走私的工具，将对国家主权金融体系构成重大威胁。

但与此同时，联合国难民署在乌克兰、阿富汗、土耳其等地试点采用 USDC 向难民提供"加密形式的现金援助"，其速度快、安全、不依赖当地银行。

这意味着，监管者需要在打击非法用途和保护合法使用之间寻找新的平衡点。

稳定币真的无法监管吗？

事实上，稳定币并非绝对匿名。

USDT、USDC 的发行方都会监控链上地址，冻结涉嫌洗钱或诈骗的账户。

链上交易公开透明，比传统银行体系更容易追踪"资金流向图谱"。

多个国家正在推动"合规稳定币"体系，例如欧盟的《加密资产市场监管法案》（MiCA）就是一个全球系统性监管框架。

此外，Chainalysis、Elliptic 等越来越多的区块链取证机构正在帮助执法机构追踪链上涉案资金流向，协助侦破跨国诈骗案。

所以，稳定币并不一定能避开监管，只是需要换一种监管方式。

灰色与光明之间，是新的金融现实

稳定币的出现，不是为了逃避规则，而是因为——

有些人被规则排除在外；

有些国家的规则已经失效；

有些需求是在制度漏洞中自然生长出来的。

它不是乌托邦，也不是潘多拉魔盒。它只是一个现实而中性的工具，在全球金融失衡、制度不公、科技裂变的时代背景下应运而生，难以忽视。

监管者要做的，不是全面封禁，而是——

看到它在哪些场景中，确实"比银行更像银行"；
厘清它在哪些情境下，确实是灰产温床。

然后以开放技术的方式重建秩序，让稳定币真正成为锚定信任的金融工具，而非灰色便利的"逃生舱"。

第 3 部分

稳定币的暗面与挑战

稳定币，就像一辆开在高速公路上的汽车。它速度惊人，功能强大，沿途搭载着被传统金融抛下的人。但随着更多人上车，我们也开始听到车厢里的异响：轮胎是不是快被磨平了？方向盘真的能控制住这股力量吗？有没有人悄悄动了刹车系统？

在上一部分，我们看到了稳定币在跨境汇款、金融避险、全球商业交易中的巨大潜力。但每一次技术革新都不只是单纯"解放生产力"，而是伴随着新的风险和未知挑战。

这一部分，我们将深入"发动机"内部，检视那些不被主流舆论所强调的问题：黑箱操作、信任危机、黑客入侵、机制崩溃……这些问题并不总是发生，但是一旦爆发便可能造成难以挽回的后果。

正如 2008 年全球金融危机前被奉为"安全代名词"的 AAA 级房地产抵押贷款支持证券，最终成为一场全球浩劫的导火索。我们不得不问一句：稳定币，真的稳吗？

让我们从最大的稳定币之———USDT 的信任谜团开始讲起。

第 5 章　崩盘、黑客与信任危机

1 枚价值 1 美元的稳定币，使用起来跟纸币没什么区别。但背后支撑其价值的，不是一国政府或中央银行，而是一套由公司自我声明、市场默认接受的"数字信用体系"。

这种信任往往只存在于链条断裂、传说打破之前。

我们将在本章揭开三个核心风险——

储备不透明，没有储备就不是"锚"，而是一场信任游戏；

机制崩溃，算法之美可能在恐慌中土崩瓦解；

技术脆弱性，代码是规则，但也是攻击的入口。

5.1　USDT 的"黑箱"疑云

USDT，全名为"Tether USD"，由一家名为 Tether 的公司发行。它承诺：

每 1 枚 USDT 都由等值的美元资产储备支持，可以随时按 1∶1 的比例兑换成美元。

这听起来似乎比银行存款还稳定。但问题在于：这些美元真的存在吗？在哪里？谁看过？

这成为围绕稳定币最早也最持久的争议。

让我们从一次看似普通的交易说起。

一位普通用户的兑换困境

2021 年，美国自由职业者詹姆斯在加密平台上收到了 5000 枚 USDT。他想兑现为美元汇入银行账户，却发现：

> Tether 虽然承诺"随时可兑"，
> 但最低起兑额度是 10 万美元，
> 且必须通过繁杂的客户身份识别审查流程。

他最终不得不在二级市场"折价"出售 USDT，亏损了 5%。

詹姆斯疑惑地问：

> 如果 1 枚 USDT 真的对应有 1 美元储备，那为什么我要用 0.95 美元卖掉它？那些美元到底在哪儿？

这正是问题的关键。

不断变化的"储备构成"

Tether 曾在 2021 年首次公开披露其储备构成。数据显示，现金仅占 3.87%，绝大部分储备资产为商业票据和短期存款，还有部分是数字资产与其他投资。

这引发了市场广泛质疑：

> 商业票据是债务工具，质量各异，风险不明；
> 数字资产甚至包括比特币和其他加密货币，波动性极大；
> 而其他投资更是模糊不清。

更严重的是，Tether 从未接受过完整的独立审计，只有一些所谓的"第三方认证"，其认证标准远低于财务审计标准。

有人甚至讽刺说：

USDT 背后的资产储备可能比一瓶可乐还难追踪。

"监管闪避者"的历史

Tether 总部注册地为英属维尔京群岛，业务遍布多个司法管辖区，这种结构使其像一个"技术合规边缘人"。

2019 年，美国纽约州总检察长曾起诉 Tether 及其母公司，指控其在 2018 年将超过 8 亿美元的客户资金转移并虚假宣传储备情况。最终，Tether 支付了 1850 万美元和解金，但仍未公开完整财务账目。

这样的事件让公众对 Tether 始终心存疑虑。

如果真的有那么多美元，为什么从来不请知名会计师事务所审计？

如果可以兑换美元，为什么要设置如此高的门槛？

在某种程度上，USDT 更像是一种"自我承诺的影子银行"，靠的是市场参与者对它"继续被其他人相信"的信心。

"信任经济"的吊诡逻辑

讽刺的是，尽管争议不断，USDT 依然是全球流通量最大的稳定币之一，2024 年其市值超过 1500 亿美元，尤其在韩国、土耳其等市场拥有极高的流动性。

为什么？

只是因为——

它流通最广，被接受程度最高；

它在关键时刻"兑付没有大规模违约"，塑造了可信形象；

使用者在意的是"别人愿不愿意接受它"，而不是"资产储备到底有多少"。

这就像赌场里的筹码：

只要你相信可以兑换现金，就敢继续下注；

一旦大家同时想退出，体系就可能崩盘。

稳定币的"锚"，其实更多是心理层面的"共识"，而非法律意义上的储备担保。

USDC 和 DAI 更透明就更安全吗？

相比 USDT，另一主流稳定币 USDC 由美国公司 Circle 发行，接受美国政府部门监管，并定期公布审计报告。

USDC 的储备资产主要由美国短期国债和现金构成，并接受独立会计师事务所的月度审计，确保储备资产与发行量 1∶1 对应。Circle 支持小额赎回，这使 USDC 在跨境支付、数字美元探索等场景中表现突出。

但 USDC 的"教科书式透明"面临另一重风险：对银行系统的高度依赖。

2023 年，硅谷银行爆雷期间，Circle 曾披露有价值 33 亿美元的储备资产存在该银行，引发市场恐慌，USDC 价格一度跌破 0.9 美元。

反而是"储备不透明"的 USDT，在当时价格波动较小。

这暴露出一个悖论：

越透明，越容易成为金融风险传染链的一环；

越不透明，反而有时能"装作什么都没发生"。

这不是对黑箱的辩护，而是说明：

稳定币的"安全感"，不是由纸面材料决定的，而是由"市场信心"与"系统脆弱性"共同构成的。

我们能做什么？

对于普通用户而言，在持有稳定币时，应具备以下几种心态和策略：

一是分散持有的方式，不要将全部资金放在某一种稳定币钱包中；

二是关注兑付机制，确认能否随时、小额、高频地兑换为法定货币；

三是了解发行方背景，考察其监管合规性、财务审计情况、风险披露程度等；

四是定期跟踪风险事件，关注相关新闻、政策、审计报告等。

而对于监管者来说，更重要的职责在于以下几个方面：

推动建立全球统一标准的稳定币审计与信息披露规范；

探索中央银行数字货币（CBDC）与民间稳定币的互补机制；

切实保护用户权益，避免"一禁了之"，放任风险"地下生长"。

不透明的背后，是我们对"信任"的重新定义

稳定币之所以能在传统金融系统之外快速扩张，是因为它用"技术＋承诺"填补了信任的空缺。

但信任本身不能靠"许愿"维系。每枚标榜锚定 1 美元的稳定币背后，都应有真实的资产储备作为支撑。如果没有，它就只是"新瓶装旧酒"的影子货币。

下一节，我们将剖析稳定币领域最具争议的一个事件——Terra 崩盘的全过程。那是一场公开上演的"算法失败剧"，让世界第一次直面：

没有真实储备支持，只靠算法的稳定币，会发生什么？

5.2　Terra 崩盘全过程

如果说 USDT 的问题是"不透明的储备"，那么 Terra 则走向了另一个极端。

它一开始就没有法定货币储备，甚至不依靠美元、银行账户或现金背书，而是靠一个自称"完美"的算法，来维持与美元 1∶1 的锚定。

这无疑是一个大胆的试验，却也成为加密货币史上最令人唏嘘的崩盘事件之一。

上一节，我们谈到了信任如何维系稳定币系统。而接下来的故事，将展示一场失控的信任崩塌，如何在短短几天内毁灭了一个数百亿美元的生态。

这场灾难叫：Terra 崩盘事件。

"Terra 世界"的美好设想

Terra 系统的核心结构由两种加密货币组成。

一种是 UST，它是一种与美元 1∶1 锚定的算法稳定币，类似 USDT，但不靠真实资产储备支撑。

另一种是 LUNA，是系统的浮动代币，用于平抑 UST 的供需波动，也就是算法背后的"减震器"。

两者的关系可以用一句话概括：

如果 1 枚 UST 的价格高于 1 美元，就用 1 美元的 LUNA"铸造"UST 释放到市场，从而增加 UST 供应量，使其价格回落至 1 美元；

如果 1 枚 UST 的价格低于 1 美元，就用 1 枚 UST"兑换"1 美元的 LUNA 来"销毁"UST，从而推高 UST 的价格，使其价格回升到 1 美元。

这个机制的设计看似精妙绝伦。用市场套利者的力量维持稳定，无需中央机构，也不用真实美元储备。

项目方将这种结构比作"算法中央银行"。

2021 年至 2022 年初，这套体系运行得非常成功：

UST 成为加密货币市场上流通量排在第二位的稳定币；

LUNA 市值飙升，跻身前十大加密货币之一；

上千个 DeFi 项目建立在 UST 或 LUNA 之上；

东南亚地区的用户大量使用 UST 进行"去中心化储蓄"。

但这一切的核心支撑，其实是一个名为 Anchor Protocol 的平台。

"20% 年利率" 储蓄魔法

Anchor Protocol 是 Terra 生态系统中最核心的应用，它承诺：

把 UST 存到 Anchor Protocol 平台，每年可获得近 20% 的利息。

在零利率甚至负利率的背景下，这一利率极具吸引力，显得几乎难以置信。Anchor Protocol 在初期依靠 LUNA 项目方的补贴维持运营，使得这一看似不可能的高利率得以实现。其运作模式如下：

用户将 UST 存到 Anchor Protocol 平台以获取收益；

Anchor Protocol 平台利用 LUNA 的价值膨胀作为收益来源；

项目方持续从"未来预期"中融资，支付用户利息。

这种模式使得 UST 成为一种"超高利率储蓄工具"，吸引了数十亿美元的资金流入。

表面看是"被动理财"，实则是庞大的资金泡沫正在快速形成。

整个生态系统，已经严重依赖"1 枚 UST 价格始终维持在 1 美元以上"的信心——一旦信心崩塌，算法也无法挽救这一场"雪崩"。

而崩盘，就发生在 2022 年 5 月一个平常的交易日。

崩塌的 5 天

时间线如下。

2022 年 5 月 7 日，一笔价值超过 2 亿美元的 UST 在 Curve 平台出售，引发市场恐慌。UST 短暂脱锚（1 枚 UST 的价格约为 0.98 美元），套利者开始行动，但"套利行为"反而造成更多抛售。

5 月 8 日，Twitter（现更名为"X"）等社交平台上关于"UST 脱锚危机"的讨论，导致用户恐慌情绪加剧。Anchor Protocol 平台遭遇挤兑，UST 流通量激增。LUNA 机制启动，大量新 LUNA 被"铸造"以支撑 UST 价格。

5 月 9 日，1 枚 UST 价格跌破 0.7 美元，大量 UST 被兑换为 LUNA，LUNA 供应量在 24 小时内从 3 亿枚激增至 180 亿枚，价格暴跌。

5 月 10 日，1 枚 UST 价格跌至 0.3 美元，LUNA 暴跌幅度超过 99%。整个生态信任崩盘，几乎所有 DeFi 项目都下架了 Terra 相关资产。

5 月 12 日，1 枚 UST 价格跌破 0.1 美元，LUNA 价格几乎归零。投资者损失超过 400 亿美元，Anchor Protocol、Mirror 等核心平台全部停摆。

这就是加密货币史上最惨烈、最快速的"稳定币死亡事件"。

而这一切的根源，并不是黑客攻击，也不是外部打压，而是系统自身结构的脆弱性。

为什么算法失败了？

Terra 崩盘，是一次"信任—算法—价格"三重机制连锁崩溃的经典范例。

其失败原因主要有以下几点。

UST = LUNA

有人从UST的投资池撤出2亿美元

UST脱钩后，LUNA抛压加剧

短短数天内，UST几乎成为废纸，LUNA价格几乎归零

一是缺乏真实资产支撑。UST本质上是凭空"铸造"的数字货币，价值完全来自用户对"1美元兑换"的信心。而一旦出现市场质疑，这种"信任锚定"就会土崩瓦解。

二是套利机制放大恐慌情绪。套利机制本用于稳定价格，但在恐慌中却加剧抛售。用户争先恐后"逃离 UST"，将 UST 转换为 LUNA，导致 LUNA 供应量激增、价格暴跌。

三是 Anchor Protocol 的泡沫效应。Anchor Protocol 提供的 20% 利息并非来自可持续收益，而是项目方的补贴。一旦补贴行为无法持续，Anchor Protocol 无法为用户提供收益，资金外逃便引发了危机。

四是庞大的生态进一步放大了风险。数百个项目、数百万用户都与 UST 深度绑定，当危机爆发时，由于缺乏"最后贷款人"或"金融防火墙"机制，只能眼睁睁看着系统连锁瓦解。

谁受伤了？

本次崩盘中受影响最大的群体有以下几类：

散户用户，韩国、越南的很多用户曾把 UST 当作"银行"，导致血本无归；

生态创业者，他们创建在 Terra 上的数百个项目资产一夜归零；

投资机构，如三箭资本（Three Arrows Capital）、银河数字（Galaxy Digital）等均在此次崩盘事件中受重创；

监管机构，美国证券交易委员会（SEC）等监管方开始对算法稳定币展开审查。

此次崩盘事件也从侧面推动了美国与欧盟稳定币监管立法的提速。2023 年以来，多国开始要求监管稳定币项目：

公布储备信息；

禁止"无担保算法稳定币"向普通用户开放；

完善用户保护条款和清算机制。

算法稳定币从此一蹶不振，市场重心重新回到了"有真实储备支撑"的稳定币。

Terra 的重启与遗产

Terra 团队试图重启该项目——

原 UST 更名为"Terra Classic USD（USTC）"；
LUNA 分为"LUNA Classic（LUNC）"和新的"LUNA 2.0"；
去掉稳定币部分，尝试走向 Layer1 智能合约平台。

但重启效果极其有限，市场信心早已不在。

Terra 创始人 Do Kwon 也因涉嫌金融欺诈被多国通缉，并于 2023 年在黑山被捕，引发了一场跨国法律博弈。

Terra 成为区块链史上最典型的"泡沫破灭案例"，其失败过程已经被写入金融教材和监管白皮书。

算法之美与现实之殇

Terra 的失败并不是算法本身的错误，而是在于：

试图用算法取代经济现实，试图用信任替代担保。

在波动的市场中，没有任何一套机制可以凭空创造"稳定"。如果没有真实资产支撑、没有风险缓释工具，所谓的算法稳定币终究只是空中楼阁。

我们可以从这场危机中学到——

稳定币的稳定，并非免费午餐；

越是复杂的系统，越要重视透明度与清偿能力；

技术不能替代制度，更不能绕过金融的基本逻辑。

下一节，我们将进一步聚焦加密世界中真实存在的安全威胁：

数亿美元的链上失窃事件、智能合约漏洞和黑客组织带来的"金融战争"。

5.3　数亿美元瞬间蒸发的链上漏洞

在 Terra 崩盘的"废墟"中，人们意识到信任不能只建立在算法之上。但更严峻的问题还在后面——即便有良好机制与透明架构，加密世界仍面临一个最现实的威胁：被"偷"。

不，是被"洗劫一空"。

稳定币与 DeFi 所依赖的智能合约和区块链，虽然不需要传统银行的安全体系作为支撑，但它们也并非铜墙铁壁。事实上，许多项目甚至没有接受过基本的安全审计，就直接开始处理成百上千万美元的用户资产。

结果可想而知。只要存在一个代码漏洞、一段恶意脚本，就能让资金在几秒钟内从钱包中消失得无影无踪。

这一节，我们将走进那些震撼整个加密世界的真实事件——黑客攻击、系统漏洞、跨境追捕、监管迟滞，以及一个关键的问题：

当区块链平台被"洗劫"时，谁来为用户兜底？

无影无踪的"链上银行大劫案"

在传统金融世界，当银行遭遇抢劫时，我们知道劫匪可能会被警察抓住，银行也可能动用储备为用户赔付。而在链上世界，"抢劫"通常以这样的方式发生——

没有持枪歹徒；

没有摄像头记录；

没有报警按钮；

一切在几秒钟内完成，资金被转移到十几层匿名地址之中。

这类事件并不是个案，而是已经形成了一种系统性风险。下面我们来回顾几起震惊行业的代表性事件。

Ronin Network，一个"6 天之后才发现"的黑客事件

Ronin 是专为游戏"幻想生物"（Axie Infinity）服务的区块链侧链。2022 年 3 月，Ronin 遭遇了大规模链上盗窃事件，具体过程如下：

3 月 23 日，黑客通过钓鱼攻击，控制了 Ronin 的 5 个验证节点中的 4 个，随后利用这些节点的签名，从 Ronin 桥转出总计 173600 枚 ETH 和 2550 万枚 USDC，涉及金额超 6 亿美元。

更令人震撼的是，这起攻击发生整整 6 天后，直到 3 月 29 日，因一名用户无法通过 Ronin 桥取出自己的 5000 枚 ETH，该事件才被曝光。

为什么会这样？因为大部分玩家并没有"链上转账"行为，项目方也没有设置自动警报机制。

当项目方意识到问题时，资金早已通过多个"洗钱工具"（如 Tornado Cash）被转移了。

此次事件的教训——

区块链的"不可更改"特性，意味着在安全事件中损失无法被追回；

DeFi 项目运行数十亿美元资金，但安全机制却处于初级阶段；

攻击者不再是个人黑客，而是有组织的网络战力量。

Curve 漏洞，智能合约的"一行错字"价值 7000 万美元

Curve 是 DeFi 领域最大的稳定币兑换平台，被称为"稳定币之间的Uniswap[①]"。

2023 年 7 月，Curve 的多个流动性池被发现存在漏洞，黑客通过重入攻击手法窃取了价值超过 7000 万美元的资产。

关键点在于——

漏洞缘于某个智能合约使用了不稳定的 Vyper 编译器；

Curve 团队并未对合约升级进行全面回测；

攻击者只用了一个地址、一段脚本，便完成了这场"连环劫案"。

事件爆发后，Curve 所有相关流动性池迅速枯竭，稳定币兑换出现巨大滑点，数万个普通用户"卡在流动性泥潭中"，无法顺利兑换。

Curve 创始人后来宣称"部分攻击者已返还资金"，但这句公告更像是无奈的公关，而非结构性补偿。

这个案例再次说明——

智能合约"写下即上链"的特性，意味着一旦部署即不可更改；

即使是知名项目，也可能因为底层语言漏洞而遭受致命打击；

---

① Uniswap 是一个基于 Ethereum 的去中心化交易所，它使用自动做市商机制来实现资产的交换。

稳定币用户资金"质押"或流入这些协议，一旦出事，可能永远无法被收回。

隐私权、监管与黑产交锋的前线

Tornado Cash 是 Ethereum 链上一款著名的加密货币混合器，可以帮助用户将资金在链上"洗混"，模糊加密货币原始来源和去向。

黑客几乎都是通过 Tornado Cash 处理、转移赃款的。

2022 年 8 月，美国财政部首次将 Tornado Cash 列入制裁清单，并逮捕了其开发者之一。

这一事件在全球引发激烈争论。

支持者认为"写代码不是犯罪"，隐私工具不该被禁；反对者认为"这是黑产的洗钱工具"，不能放任不管；普通用户则陷入法律模糊地带，有些钱包因为"参与过 Tornado Cash 交易"而被封禁。

Tornado Cash 事件也让人们意识到：

稳定币和 DeFi 工具并非"中立"，一旦被用于非法事件，其生态很容易遭遇监管打击或政策封锁。

尤其是当 USDT、USDC 等主流稳定币运营方开始配合政府冻结钱包后，加密世界逐渐走向"准透明化"。

这些事件告诉我们什么？

加密稳定币领域的黑客事件，发生频率之高、损失金额之大，远远超出普通用户的想象。

据区块链分析机构 Chainalysis 统计，仅 2022 年，DeFi 领域发生的盗窃事件总金额就超过 38 亿美元，其中一半以上与稳定币和跨链桥协议有关。

这揭示出几个结构性问题。

①没有中介 = 安全

很多稳定币项目宣称"去中心化、安全无风险"，但其实，稳定币系统依赖的桥接协议、智能合约、跨链工具，都可能成为攻击入口。

②链上安全是专业门槛极高的领域

普通用户很难判断哪些平台是安全的，也很难知道协议代码是否经过审计、是否开源、是否有白帽测试、是否更新合约逻辑……往往只能单纯"信任"，缺乏有效的验证手段。

③被盗资金难以追回，责任难以界定

即便攻击者被识别出来，项目方通常也缺乏赔偿机制。这与银行系统中的"备付金制度"和"用户保护责任"形成了鲜明对比。

稳定币生态的安全重建

在这些连续的黑客事件发生后，行业开始反思并逐步采取一系列补救措施。

①合规稳定币加强风控

例如 USDC 发行方 Circle 开始限制智能合约交互，提升客户身份识别要求，主动冻结涉黑钱包。

②审计机制制度化

越来越多项目在上线前需经过专业审计，并引入"赏金计划"吸引白帽黑客提前发现漏洞。

③保险机制逐步建立

部分平台引入链上保险服务，如在 Nexus Mutual 等平台，用户可以选择性购买资产安全保险。

虽然现有的保险机制尚不完善，但至少代表了一种发展方向，即"个人承担一切风险"的模式将向"风险社会化"模式转变。

④监管逐步介入

欧美等国家和地区的加密资产监管法案，已将稳定币、DeFi、黑客攻击等纳入讨论范畴。稳定币项目若想进入主流金融体系，必须满足透明且安全、开放且负责任的要求。

当信任失守，算法无力

第 5 章的这三节内容，从黑箱储备到算法崩塌再到链上失窃，一层层揭示了稳定币光鲜之下的种种风险。

它们的共同点是：

> 如果信任失效，机制就无法拯救。

无论是号称锚定美元的 USDT，还是算法稳定的 UST，抑或是代码即法律的 DAI，它们在真正的系统性风险面前，往往显得脆弱且被动。

这并不意味着稳定币没有未来，但未来一定属于那些稳定币——

> 能保持高度透明；
>
> 能拥有安全冗余；

能遵守监管规则；

能为用户提供清晰风险界定的项目。

下一章，我们将走出危机视角，聚焦制度与规则，探寻稳定币秩序的构建路径。新的挑战正在等待应对，未来的路径也逐渐明朗。

第 6 章　稳定币的身份之争

稳定币面临的挑战，从来不只是技术问题，更是一场规则的较量。

我们已经见识了稳定币的力量，它们能在全球实现无障碍转账，能规避法定货币汇率波动，能支撑新一代 DeFi 的繁荣。但我们也看到了它们的风险，如黑箱操作、崩盘事件、链上失窃等。于是，一个无法回避的问题浮出水面：

> 稳定币，到底该不该被监管？又应该如何监管？

这个问题的解决与否，决定了稳定币未来能否真正走进主流社会。

过去几年，监管者对稳定币的态度发生了显著变化，从最初的冷眼旁观，到后来的被动应对，再到今天逐步尝试"定性"与"规范"。全球不同国家的政策路径，也反映了各自对货币主权、金融创新和资本流动的不同考量与抉择。

6.1　全球监管地图速览

如果把稳定币比作一艘横跨 4 个海域的大船，其航行的水域就涵盖了货币、金融、支付和科技 4 个领域。这样的"多重身份者"，在法律上注定难以被简单归类。而这也导致各国政府立场迥异的回应。

基于对稳定币的监管态度，可将不同国家和地区大致划分为三类：

> 欢迎派希望其成为金融体系的有益补充，出台规则，拥抱创新；
> 观望派既不封杀也不支持，维持"灰色地带"，静观其变；
> 封杀派视其为金融"异物"，担忧资本外逃与货币替代，选择封堵压制。

我们从稳定币"风暴中心"的美国入手，看一看这张正在不断变化的全球监管地图。

美国，谁都想当"央妈"，却总在吵架

在稳定币这场全球金融新秩序的竞争中，美国毫无疑问占据领先地位。USDT、USDC 等头部稳定币的发行者都活跃于美国市场，美元也是最常见的锚定资产。

颇具讽刺意味的是，尽管稳定币在美国"出生""成长"，美国的监管框架却如同一团乱麻。

就像一个大家庭里，原本默默无闻的孩子靠副业（稳定币）赚了大钱，一下子成了家中的"经济支柱"。然后家中的长辈们（监管机构）纷纷跳出来说"这个孩子归我管"，却谁也说服不了谁。

"谁说了算？"

美国的监管体系本就建立在"制衡"的基础之上，不像中国拥有统一的金融监管总局，美国稳定币面临着多个"婆婆"共管的局面。

美国证券交易委员会倾向于将稳定币视为证券，主张其发行和交易应遵循类似股票的披露、注册、审查流程。

美国商品期货交易委员会（CFTC）则认为稳定币属于商品范畴，是"数字黄金"，要求按照商品衍生品的逻辑进行监管。

美国货币监理署（OCC）建议由银行作为稳定币的主要发行方，笃信"银行化才是正道"。

美国财政部（DOT）和总统金融市场工作组（PWG）关注宏观风险，主张对稳定币实施类银行的审慎监管。

再加上美国本就有联邦与州的双层监管架构，一家公司在纽约州遵循的是一套规则，在得克萨斯州可能面对的又是另一套规则。想象一下，你开了家连锁超市，每个城市的税率、商品准入标准、营业执照各不相同，你还怎么向全国扩张？

法案终于来了，但能"稳"住局面吗？

多年来，美国国会不断有议员提出各种法案，争取让稳定币"名副其实"地走进金融系统。但这些法案大多陷入"拉锯战"，因为稳定币不只是法律问题，更是银行、科技、加密货币三方势力的较量。

直到2025年，局面才终于有了突破。

美国参议院通过了被称为 GENIUS 法案的《指导和建立美国稳定币国家创新法案》(*Guiding and Establishing National Innovation for U.S. Stablecoins Act*)，标志着美国争夺"数字货币主导权"的战略升级。

该法案通过五大核心机制重塑稳定币监管格局：

真金白银作为储备，所有支付型稳定币必须 1∶1 锚定美元或等价资产，并接受审计；

建立分层监管机制，大型稳定币项目由联邦政府监管，小型项目可由州政府监管，但必须形成统一标准；

禁止算法稳定币，那些只靠算法调控、不锚定真实资产的模型将被严控；

防止外币冲击，美国财政部可封锁不受美方监管的"外国稳定币"；

严格遵守合规要求，必须遵守客户身份识别、反洗钱、反恐怖主义融资等规定。

换句话说，美国要把稳定币变成一个"合规的美元数字分身"，让它能在全球畅行，但必须在"制度的笼子"里飞。

法案通过 ≠ 一锤定音

不过，GENIUS 法案还需经过众议院批准，之后相关部门还要制定细则、协调执行、推动各州配合。这就像"婚礼请柬发出去了"，但"新人是不是能顺利拜堂、婚后是不是幸福"，还要看诸多细节。

更深层次的考量，是美国如何在稳定币方面延续其全球金融影响力。

如果 USDT、USDC 这样的美元稳定币被全球市场接受，等于是在数字时代重塑了美元的全球主导地位；

但如果其他国家抢先，比如中国人民银行的数字人民币、欧盟的欧元稳定币崛起，那美国就有可能失去这场货币新革命的"发球权"。

美国稳定币监管，像是一场"家庭内部会议"，谁都想当老大，但终于通过GENIUS法案迈出了制度化第一步。未来成败，还要看监管执行力度与全球接受度。

欧盟稳定币监管"上路"，统一制度说了算

如果美国是"吵中有进"，那么欧盟就是"立法先行"。

2023 年，欧盟正式推出 MiCA，这也是全球首个为稳定币量身制定的完整法律框架。

MiCA 的核心思路是"明确身份＋统一牌照＋设限管理"：

将稳定币划分为"资产参考型代币"（如锚定一篮子货币）与"电子货币代币"（如锚定欧元），按风险等级实施不同强度的监管措施。禁止算法稳定币以及不锚定实物资产、靠算法调节价格的"类 UST 模式"稳定币。

建立发牌准入制度，在欧盟发行稳定币，必须注册、持牌、设立储备托管账户，并发布披露详细加密资产的白皮书。

设置交易上限，防止稳定币对欧元产生替代影响。

欧盟的态度很清晰，不是封杀，而是设立一套"护栏"，既鼓励创新，又防止金融秩序被破坏。

很多加密企业对 MiCA 持欢迎态度。例如，Circle 宣布将在法国申请 MiCA 牌照，把欧洲作为"主要市场"。

欧盟模式像是修建了一条"合法高速公路"，欢迎稳定币上路，但必须买票、上牌、守规矩。

中国香港，亚洲金融中心的"有条件欢迎"

如果说过去几年稳定币像是游走在合规边界的"数字幽灵"，那在中国香港，它们如今被正式请进来，坐上了金融餐桌的"特许席位"。

　　这一切要从 2022 年底说起。当时，中国香港罕见地抛出一系列"拥抱虚拟资产"的信号，一改以往的谨慎姿态，令亚太地区金融圈为之一振。尤其是其对稳定币的态度，显得既务实又锋芒毕露：既不盲目支持，也不简单否定，而是围绕"支付功能"逐步推进监管框架的搭建工作。

2023 年 1 月 31 日，香港金融管理局（HKMA）发布了《加密资产和稳定币讨论文件的咨询总结》（*Conclusion of Discussion Paper on Crypto-assets and Stablecoins*）。该总结指出，香港金融管理局将优先监管那些声称参考一种或多种法定货币的稳定币，即法定货币挂钩稳定币（FRS），因为它们更有可能被用于支付，因此可能对货币和金融稳定构成更高的风险。言下之意是，那些想来中国香港"蹭热点"的炒作型币种，很可能在第一轮就被挡在门外。而对于真心想做支付、跨境清算、Web3 交易这种"长远正事"的币种，中国香港持欢迎态度，但也请做好准备——

稳定币背后必须以 100% 高质量、流动性强的法定货币资产进行储备；

储备资产需隔离托管、接受独立第三方审计；

发行方需要获得牌照，治理结构、风险管理、透明度必须对标传统金融机构。

初听这些条件，好像是一场"高门槛考试"。但其实，这恰恰体现出中国香港式监管的独特逻辑：不是一味收紧，也不是全面放开，而是以"场景优先 + 沙盒先行"的方式，边试验边完善。

2024 年，中国香港推出稳定币发行人沙盒，引入首批合规企业进行试点。试点场景包括港元结算、跨境汇款、Web3 钱包支付等，以辅助完成未来的监管制度设计。一时间，多家中国香港本地银行与金融科技公司启动合作试点，有的探索中小企业跨境清算，有的把稳定币嵌入支付 App，甚至还有企业筹划发行锚定港元的稳定币。

但真正的"临门一脚"发生在 2025 年 5 月，中国香港特区立法会正式通过《稳定币条例草案》，稳定币终于在法律上被"正名"。该条例确立了稳定币发行牌照制度，授权香港金融管理局作为监管主体，对发行人实施全流程审批和持续监管，同时制定稳定币储备的审计、托管、流动性管理等关键标准，并规定未经许可不得向公众发行支付型稳定币。这是亚洲地区第一个成文法级别的稳定币法律，标志着中国香港完成了从"监管沙盒"到"立法护航"的跃迁。

这种模式被称为"有条件欢迎"。不是排斥创新，而是希望稳定币合规落地。中国香港给出了一个极具启发性的信号，稳定币不是不能做，而是必须做得稳。稳定币想在这里运行，就得像银行一样接受监管，像支付系统一样保障用户安全，像货币一样保证清算可信。

有人说中国香港的做法就像"为稳定币建一栋钢筋水泥的大楼"，不是搭个草棚让大家来玩，而是打好地基（法定货币储备）、修好结构（审计托管）、接通管线（法律接口），真正把它变成可信可用的基础设施。这种逻辑，不只对中国香港有效，也成为新加坡、迪拜乃至欧盟等国家和地区多个金融中心的参考。

对于稳定币而言，从"边缘角色"到"制度居民"的路并不好走，但中国香港显然愿意成为第一个"画红线也设绿灯"的地方。这条路线，是风险与创新之间的一种平衡，也可能是全球金融市场未来的模板之一。

新加坡、迪拜，区域金融科技中心的"竞速监管"

如果说中国香港走的是"审慎放行、逐步立法"的路线，那么在东南亚与中东地区，还有两位强劲"选手"选择了另一种玩法——监管先跑一步，市场紧跟上。那就是新加坡和迪拜，它们像是数字金融世界里的两座创新高塔，一边制定规则，一边吸引全球资本和创业者聚集。

新加坡金融管理局（MAS）早在 2023 年 8 月就建立了全球首个稳定币监管框架，一开始就把重点放在"单一货币稳定币"（Single-Currency Stablecoins，SCS）上，明确划定它们与其他加密资产的界限。新加坡监管有点像精密手表，每一颗螺丝都标得清清楚楚：

所有被归类为 SCS 的稳定币，必须锚定新加坡元或 G10 国家法定货币；

　　储备资产要 100% 以现金或高流动性现金等价物形式持有，并每日估值；

　　发行机构必须在新加坡本地注册，且接受许可制度与持续监管；

　　禁止任何未经注册的加密资产自称"稳定币"，以防止用户被误导。

　　这种"术语清晰＋操作严格"的管理方式，在初期曾引发行业内的争议。例如，监管太严会不会"劝退"创新者？但新加坡显然并不担心。新加坡金融管理局在 2024 年 4 月对《2019 年支付服务法》及其附属立法进行了修订，扩大了新加坡金融管理局监管的支付服务范围，并对数字支付代币（DPT）服务提供商提出了与用户保护和金融稳定性相关的要求。2024 年 7 月，稳定币发行商 Paxos 的新加坡实体获得新加坡金融管理局批准，可以发行符合新加坡金融管理局监管标准的稳定币。2024 年 7 月，StraitsX 获得新加坡金融管理局核准的大型支付机构牌照（MPI），涵盖新加坡元与美元稳定币发行，并获准提供全套数字支付和稳定币服务。

　　而在迪拜，稳定币监管的风格则显得更为"灵活"——不是不严格，而是极具市场驱动色彩。迪拜虚拟资产监管局（VARA）在过去两年持续扩展其 Web3"监管沙盒"，将稳定币纳入其虚拟资产服务提供商（VASP）体系内进行统一审批。这就像给数字资产盖了"统建小区"，不同币种虽然风格各异，但都要按照同一套制度打地基。

　　2024 年底，迪拜虚拟资产监管局已经批准多个稳定币项目进入"可营运状态"，包括一些面向中阿贸易、旅游消费和外汇结算的中东本地稳定币，以打造中东金融创新枢纽。有的企业尝试将稳定币与传统支付网络对接，用于伊朗游客在迪拜的购物付款；也有方案以稳定币作为阿联酋与印度"去美元化清算"的中间媒介。迪拜虚拟资产监管局于 2025 年 5 月 19 日正式发布了 2.0 版本的基于活动类型的规则手册，强化了对虚拟资产服务提供商的监管框架，包括杠杆限制（防范市场风险）、抵押托管定义、术语统一与披露协调等内容。新规则针对借贷、质押、托管、发行等多个子领域进行了监管升级，并引入现实世界资产代币化监管框架。

与其说迪拜在监管，不如说它在"育市"。它要的不是把市场套牢，而是把规则变成可以吸引优质项目"定居"的理由。

放眼亚太与中东地区，新加坡、迪拜与中国香港形成了一种"竞速监管"的格局。谁能先找到既保障用户安全又允许资本创新的那条中间道路，谁就有可能在这轮稳定币全球化浪潮中率先突围。而这场看似是制度设计的比拼，本质上也是对未来数字金融秩序主导权的抢位。

新兴市场稳定币如"地下美元"，监管倾向强封锁

在拉美、非洲和亚洲地区的一些新兴国家和地区，稳定币扮演着完全不同的角色。它们并不是"科技产品"，而是"地下美元"。

很多人用它来对冲本币贬值风险，躲避资本管制，进行跨境劳务结算或家庭汇款，以及用于灰色进口贸易。

因此，稳定币在这些国家虽然极具实用性，但也导致各国政府倾向于采取封锁策略。

尼日利亚自2021年起禁止银行支持加密业务。推出中央银行数字货币eNaira，但使用较少。USDT在地下市场广泛流通，被用于进口支付和资产避险。

阿根廷比索长期贬值，USDT成为黑市的"报价货币"。阿根廷政府多次打击稳定币交易，但民间通过P2P渠道绕开封锁。

在这些国家和地区，稳定币是一把"双刃剑"。政府担心"金融主权"旁落，民间却视其为"自由金融渠道"。冲突不可避免，监管多以封锁为主。

中立地区在灰色地带构建"加密友好区"

还有一些国家和地区，既不积极支持，也没有强力打压，反而在"灵活空间"里摸索创新路径，试图成为全球稳定币企业的落地之选。

典型代表如萨尔瓦多，该国曾把比特币列为法定货币，让 USDT 在国内广泛流通，满足日常交易需求。

这些国家和地区的策略类似，都是用宽松政策吸引人才与资本，但也设立了不容突破的底线。

分化与融合并行的监管新时代

稳定币作为一种"跨界货币"，挑战了传统金融监管体系。它不是传统意义上的货币，也不是纯粹的科技产品，而是一种融合了支付清算、价值锚定、技术算法与全球流通的混合体。

全球不同国家和地区监管部门对稳定币的态度，在某种程度上也反映了它们对未来金融格局演变的态度。是拥抱创新，还是坚守主权？是设定规则，还是设限防范？稳定币，正在全球"选边站队"。表 6-1 展示了不同经济体对稳定币态度的对比。

表 6-1　不同经济体对稳定币态度的对比

经济体	监管态度	核心诉求
美国	分权博弈中迈向立法	系统稳定 + 维护美元主导地位
欧盟	制度化引导创新	统一市场秩序 + 消费者保护
中国香港	有条件开放、立法推进	金融创新落地 + 国际合规桥梁
新兴市场经济体	高压管控甚至封锁	守住货币主权与资本边界
新加坡、迪拜	鼓励创新、设定护栏	构建国际加密金融中心

资料来源：笔者整理。

不同国家和地区的监管路径并不相同。有的希望借稳定币推动本国金融现代化，有的则视稳定币为威胁并严控封锁；有的主打制定技术标准和提升市场效率，有的更看重货币主权与国家边界。稳定币所处的就是这样一个多极化又相互渗透的监管新时代。

6.2　货币、证券还是其他支付工具?

稳定币，就像一个出现在金融法庭上的"陌生人"。

它自称"稳定"，却并不总是稳定；它形似货币，用起来像支付工具，背后又似资产；有时它挂钩美元，有时它依赖算法维持锚定，还有时候它的使用场景介于投机与结算之间。

那么问题来了：

稳定币到底是什么？应该按照什么法律身份对稳定币进行监管？

这个问题不仅让普通用户感到困惑，也让监管者头疼了多年。

在不同国家和地区，稳定币的法律"帽子"可以完全不同。在美国，它可能被视为"证券"；欧盟设置了自己的加密资产类别；在某些司法管辖区，它甚至可能不被视为"金融产品"。

而这一切的背后，藏着一个更深层的难题：我们到底该如何为这种新型"数字金融工具"进行法律分类？

稳定币的多面性

为了弄清楚稳定币该如何被定义，我们先来看看它可能戴上的三项法律"帽子"。

第一，稳定币是货币吗？

在日常生活中，很多人用 USDT 或者 USDC 结算、转账，稳定币乍看非常像"数字货币"。

但在大多数国家的法律中，货币是由国家发行、具有强制流通权的法定工具。这意味着只有国家能铸币，其他私人组织或个人发行的数字资产，即使锚定法定货币也不属于"货币"。

以美国为例，相关部门及国会曾多次阐明，稳定币是私营实体发行的数字支付工具，不属于法定货币范畴。

换句话说，稳定币可以模仿货币的功能，却无法获得货币的身份。它可以是"类货币"，但不是货币本身。

第二，稳定币是证券吗？

美国证券交易委员会曾试图将某些稳定币划为证券，理由是投资者购买这些代币时，预期会获得未来的收益，或者稳定币发行商可使用储备资金从事类似金融操作。

这种观点的依据主要是美国著名的"豪威测试"（Howey Test）：

> 是否是一种资金投入？
> 是否投向一家共同企业？
> 是否预期未来收益？
> 收益是否来源于他人的努力？

稳定币在某些场景下，尤其是通过算法或收益激励机制运作时，确实具备证券的某些特征。这就让其落入了美国证券交易委员会的监管范围。

然而，完全储备、无投机收益的稳定币（如 USDC）是否属于证券则存在巨大争议。

第三，稳定币是支付工具吗？

这种观点在欧盟、日本和新加坡更为常见。

这些国家和地区的监管机构往往更注重稳定币的支付功能，而非其资产或投资属性。例如欧盟 MiCA 将锚定欧元的稳定币称为电子货币代币（EMT），强调其支付媒介角色。

在这个视角下，稳定币和支付宝余额、PayPal 储值账户没什么区别，属于电子支付工具，需要满足反洗钱、客户身份识别和支付结算合规要求。

这种定义的优势在于操作性强，便于落地监管和合规审批。

为什么定义这么难？

如表 6-2 所示，一种稳定币，在不同时期、不同用户眼中，它的用途都可能完全不同。

表 6-2　不同类型用户眼中的稳定币

用户身份	使用场景	看上去像
普通用户	转账、消费	支付工具
投资者	套利、交易	证券
商户	结算收款	数字货币
项目方	发行融资	资产
银行、监管机构	风险评估	潜在货币替代

资料来源：笔者整理。

也就是说，稳定币的多功能性，是它难以被"单一定义"的根源。

这就像我们试图给"电"下定义：

> 对厨师来说，电是热源；
>
> 对工程师来说，电是能量；
>
> 在法律语境中，电可能是商品、服务，甚至特许经营的对象。

稳定币也是如此，技术中立，功能丰富，身份模糊。

算法稳定币该如何归类？

除了法定货币储备型稳定币（如 USDT、USDC 等）外，还有一种让监管者更"头大"的稳定币类型，这就是算法稳定币。

这类稳定币没有真正的美元储备，而是依赖智能合约和供需机制维持锚定，例如曾经的 UST。

监管者往往担心：

> 无法验证其稳定性基础；
>
> 没有实际资产支撑；
>
> 极易被操控或崩盘；
>
> 用户风险敞口大。

因此，无论是美国还是欧盟，大多对算法稳定币采取限制甚至禁止态度。

MiCA 明确禁止在欧盟范围内发行"无储备的算法稳定币"；而美国证券交易委员会则将其视为"高风险证券"。

换句话说：

> 法定货币储备型稳定币尚有建立监管机制的空间，而算法稳定币在很多国家已经"失去了身份证"。

稳定币的定义可能永远不会只有一个

稳定币的身份之争，其实折射出的是现代法律体系与新兴技术的角力。

法律喜欢明晰边界，而技术偏爱跨界融合。

作为金融领域的"跨界产物"，稳定币的用途决定了其身份，而不是出身决定其归属。

我们或许需要一种"模块化监管思维"：

> 按功能分配监管责任；
> 按发行结构制定要求；
> 按使用场景配置法律义务；
> 不强求统一标签，而追求可操作性和风险控制。

这种理念，正是未来金融科技立法所必须采取的现实主义策略。

在下一节，我们将探讨更深层次的命题：

> 面对国家博弈、技术演进和市场诉求，稳定币能否合法存在？未来它们会被接纳，还是被边缘化？

6.3　稳定币未来能合法存在吗？

2025 年 4 月，欧洲中央银行（European Central Bank，ECB）公布内部政策报告，明确反对美元主导的稳定币流入欧洲市场，称其"稳定币在欧洲造成潜在系统性风险"，并敦促修订 MiCA 框架。

稳定币的未来，在当下的全球金融格局中仍是个谜。它像一艘在迷雾中航行的船，既拥有改变支付世界的潜力，也随时可能因合规风暴而触礁。

本节中，我们将尝试回答下面三个关键问题：

> 稳定币未来能合法存在吗？
>
> 哪些国家和地区更有可能率先接纳稳定币？
>
> 全球监管态势接下来会如何演变？

我们不做空洞的猜想，而是以现有法规动向、政策倾向和全球治理趋势为基础，绘出一张"未来的可能性地图"。

稳定币合法存在需要什么"通行证"？

稳定币要具备"合法性"，不只是说不违法，更要满足一整套系统性的要求。

①清晰的法律身份

如上一节所述，稳定币必须在法律框架下明确自己到底是什么。是货币、证券、支付工具？还是全新资产类别？没有清晰的法律身份，监管就难落地。

②明确的责任边界

谁负责发行？谁保障储备？出了问题谁担责？这些问题必须通过法律或注册审批规定予以确认。

③储备透明度和赎回机制

监管机构普遍要求稳定币提供 100% 资产储备支持，并允许用户按比例赎回法定货币，以防范系统性风险。

④满足合规要求

反洗钱、客户身份识别、数据隐私保护是任何支付工具发挥作用的基础合规门槛，稳定币也不例外。

一句话总结：

　　稳定币的"合法性"，来自其像成熟金融产品一样，接受监管、承担责任、公开透明。

国际组织达成"全球稳定币共识"的可能性

在国家立场分化的同时，国际组织正在努力推动各国达成共识，以建立全球统一的稳定币监管体系。

①金融稳定委员会（FSB）

作为 G20 金融体系监管协调机构，金融稳定委员会于 2023 年修订了《全球加密资产活动监管框架》，该框架提出——

　　稳定币必须有 1∶1 资产储备；

　　要求全球互通的合规标准；

　　支持跨境监管合作。

金融稳定委员会强调，"系统重要性稳定币"必须适用类银行监管要求。

②国际清算银行（BIS）

国际清算银行支持将稳定币纳入"监管沙盒"，与 CBDC 试验共存，并呼吁建立"全球合规接口标准"，避免形成"监管套利天堂"。

③国际货币基金组织

国际货币基金组织提出稳定币可能成为发展中国家的重要支付工具，但必须——

　　防止资产储备风险外溢；

避免对本地货币构成冲击；

建立跨境信息共享机制。

可以看到，国际组织的普遍态度是：不抵制，但必须管；不放任，但鼓励试验。

未来的三种可能路径

基于当前监管演化趋势，我们大体可以推演出稳定币合法发展的三种可能路径。

一是监管融合型，这也是可能性最大的一种路径：

各个国家和地区建立各自法规，但可以参考共同的国际标准；

项目方需在多个司法管辖区合规运营；

全球合规互认成为一种趋势。

这类似于当前银行业、保险业等金融行业的监管结构。

二是中央银行统合型，其可能性排在第二位：

稳定币项目必须依托持牌银行、CBDC 平台运行；

民间稳定币被边缘化，公共数字货币成为主流；

这在某种程度上类似"支付宝被纳入中央银行清算网络"的模式。

这种路径强调国家主权，可能在有强大中央银行的国家更容易推行。

三是自由市场型，也是最不具有可能性的路径：

对稳定币保持宽松监管、任其自由发展；

市场通过信用评级、资产储备透明度等进行自我调节；

用户"用脚投票"，选择值得信任的币种。

虽然这种模式曾在早期加密货币市场盛行，但现在已经被认为风险过高，不可持续。

合法化路径不是一纸法律，而是全球治理范式演化

稳定币是否合法化，不只是"有没有法律允许"这么简单。

它更是一个多国博弈、技术标准共建、监管能力协同、市场需求驱动的复杂过程。

未来我们可能会看到这样的局面：

　　一部分稳定币获得多国许可，在跨境支付中发挥核心作用；
　　另一部分稳定币被严格限制，仅能在特定"监管围墙"内流通；
　　剩下一些无资产储备、无监管的币种，则被彻底淘汰或转入地下。

正如互联网从"野蛮生长"走向"合规治理"一样，稳定币也将经历从"创新的灰色地带"走向"制度化的光明大道"的过程。

随着本章的结束，我们已经看到了稳定币从概念兴起、实践落地到全球合规的全景画卷。

但故事并未结束。

接下来，我们将目光投向更远的未来——稳定币将如何与 CBDC 共舞？稳定币能否重塑国际货币体系？

第 4 部分

CBDC 登场

如果说稳定币是一场由技术极客和金融创新者掀起的支付革命，那么，CBDC 就是"国家队穿上战靴"，走上了同一条赛道。

过去 10 年，在比特币、ETH、USDT 等私营加密资产风起云涌的同时，各国中央银行并没有旁观太久。随着 Libra[①] 事件触动了全球金融监管机构的敏感神经，传统金融主力——中央银行，终于出手了。

它们要推出自己的"数字货币"，但不是加密货币，而是具有法偿性、官方背书、国家主权控制的 CBDC。

于是，一场新的货币竞赛悄然打响。

---

① 2019 年 6 月 18 日，Facebook（2021 年更名为 Meta）发布了数字货币项目天秤币（Libra）的白皮书。Libra 旨在通过区块链技术为全球超过 10 亿无银行账户的用户提供即时国际汇款服务。作为一种稳定币，其价值与一系列低波动性资产（如银行存款和短期政府债券）挂钩，以维持稳定。Libra 项目自发布以来就面临诸多挑战，尤其是来自全球金融监管机构的强烈反对。2020 年 12 月，Libra 正式更名为 Diem。但在监管重压下，2022 年 1 月，Meta 的"发币计划"宣告失败，Diem 项目联合创建者之一的 David Marcus 离职，Meta 转向"元宇宙"赛道二次创业。

第 7 章　数字货币的新战场

当稳定币在全球多个国家艰难争取合法身份时，一个更具权威性的新玩家悄然登场了，这就是 CBDC。

你可以把它理解为数字化的人民币、美元或欧元，但与微信支付、支付宝、PayPal 不同的是，这种数字货币由国家发行并直接承担法律责任，可能重塑未来的支付秩序与国际金融体系。

中国走在最前面，美国踟蹰不前，欧洲审慎推进，而其他国家则在其中寻找弯道超车的可能路径。

这是一场从扫码买菜到跨境清算的国家级试验，它不只关乎技术，更关乎治理能力、金融主权与全球秩序。

那么，最早登场、进展最快的 CBDC 是什么样的？使用起来和我们现在的电子支付有什么不同？

我们先从一个真实的测试者视角出发，看看数字人民币正在如何走进日常生活。

7.1　数字人民币使用实测

"来一斤西红柿，扫码还是现金？"

"我用数字人民币，行吗？"

"可以，现在用的人还挺多的。"

这是 2024 年春天，上海某农贸市场摊位上的一段对话。

不夸张地说，数字人民币已经悄然"落地生根"，从高铁站的自动售货机到老年人热爱的早市摊点，从春节的数字红包到试点地区的工资发放，它正在以"润物细无声"的方式，进入中国人的日常生活。

什么是数字人民币？

数字人民币，是中国人民银行发行的法定数字货币，是纸币和硬币的数字形态补充。

数字人民币具备以下几个核心特征：

由中国人民银行直接发行，不同于支付宝或微信支付背后的商业银行账户；

具有法偿性，即所有市场主体都必须接受；

可离线支付，不依赖网络信号；

可控匿名，在保护隐私与反洗钱之间寻求平衡。

它既不是比特币，也不是稳定币，而是货币的数字形态。

数字人民币能干什么？

①日常支付

在深圳、苏州、成都、上海等数字人民币试点城市，数字人民币 App 已可用于超市、菜市场等场景，用户体验类似微信支付或支付宝——

打开 App；

出示付款码；

扫码完成支付。

与传统支付方式不同的是，这笔交易资金不再经过银行网络或第三方支付平台，而是由商业银行直接从数字钱包扣款，并由运营机构与中国人民银行进行最终结算，资金流更高效、安全，体现"可控匿名、去中介化"的数字货币特征。

②春节红包、工资发放

在春节等传统节日，部分城市政府发放的"数字人民币红包"受到欢迎。

这种红包既能在商家消费，又能用于公交、地铁购票和线上购物。

此外，部分政府单位、国企已经尝试用数字人民币发放部分工资和补贴。

③无网支付、碰一碰

数字人民币支持"双离线支付"，即使两部手机都没有网络信号，用户也能完成转账。

数字人民币还支持"NFC 碰一碰"支付，即像刷公交卡一样付款，不依赖扫码。这让数字人民币在偏远地区、灾害应急等场景中具备使用优势。

④智能合约支付

部分试点地区正在测试"条件触发支付"功能，比如完成培训即自动发放补贴、商品送达即自动完成支付结算。

这为政府补贴、企业结算、产业链上下游协作提供了新的智能解决方案。

⑤跨境结算试验

中国香港、中国澳门、新加坡等地，已经进行多轮数字人民币的跨境支付测试。

例如，在中国香港的用户可通过本地钱包绑定数字人民币账户，用于内地消费；2024 年博鳌亚洲论坛上，多位国际代表用数字人民币结算餐饮、住宿费用，体验稳定顺畅的支付方式。

与支付宝、微信支付的本质区别是什么？

很多人的第一反应是，这不就是另一种二维码支付吗？

但本质上，数字人民币与现有电子支付方式有许多关键差异（见表 7-1）。

表 7-1　数字人民币与支付宝、微信支付的关键差异

特征	数字人民币	支付宝、微信支付
发行主体	中国人民银行	商业银行＋平台公司
账户依赖	可不依赖银行账户	绑定银行卡
隐私模式	可控匿名	实名制
离线支付	支持双离线	需联网
清算路径	指定运营机构负责，中国人民银行提供账户托管与最终结算支持	第三方平台转账

资料来源：笔者整理。

用一句话概括：支付宝和微信支付是"电子钱包"，而数字人民币是"电子现金"。

后者是国家发的"钱"，不是平台发的"凭证"。

推广中遇到的挑战和回应

当然，数字人民币在推广过程中也面临不少挑战：用户习惯难以改变，很多人已习惯使用支付宝和微信支付；商户改造成本高，特别是中小商户；尽管官方强调"可控匿名"，但部分用户担心资金可能被追踪；国际使用受限，尚未实现大规模跨境互通。

中国人民银行对数字人民币采取"稳妥推进"的战略，不强制其替代现有支付工具，而是以现金的数字形态进行补充。

在场景接入方面，数字人民币已对接微信支付和支付宝生态，用户可在相关 App 上使用数字人民币完成扫码支付。中国人民银行通过推动地方政府主导试点，引导企业应用数字人民币，逐步扩大生态覆盖范围。

同时，数字人民币也被纳入"数字丝绸之路"战略布局，通过多边央行数字货币桥（mBridge）等项目参与东盟、中东等地区的跨境数字货币合作试验，探索建立清算机制与互通标准。

数字人民币登场只是开始

数字人民币不是一场宣传战，而是一场静悄悄的金融基础设施革命。

它不是要打败支付宝和微信支付，而是要在维护国家主权完整、确保支付安全、提升跨境支付能力方面构建新的"数字护城河"。

这场由中国人民银行主导的数字货币试验，已经在中国率先展开，并在多个领域取得初步成果。

但它不是孤例。

数字人民币不仅是支付工具，更是治理工具

对于普通人来说，数字人民币可能只是多了几个功能的支付工具，但对政府来说，它是一次数字时代的国家级"权力延展"。

我们可以从三个层面来看这种"多重角色"。

①金融治理工具

数字人民币具有"可控匿名"的特性，这意味着其在保障用户日常交易隐私的同时，也能在必要时刻配合监管部门完成反洗钱、反恐怖主义融资、反诈骗等任务。

例如，在一些诈骗案件高发地区，数字人民币钱包可以设置限额、限制某些交易行为，这在传统现金支付或平台支付中是难以实现的。

同时，中国人民银行还可以更精准地掌握货币流通的实时数据。这对于调整货币政策、研判经济形势具有重要作用。

②普惠金融工具

传统银行账户难以覆盖的边远地区居民、老年人群体、低收入群体，往往处于被金融系统"遗忘"的角落。

数字人民币的设计初衷之一，就是无须绑定银行卡、可脱离智能手机 App 进行线下支付，未来还将探索基于 SIM 卡的"硬钱包"，让不识字、无法连接网络的群体也能享受数字支付带来的便利。

这使数字人民币成为提供普惠金融服务的新型基础设施。

③全球货币博弈中的战略工具

在国际层面，数字人民币被视为中国推进人民币国际化的重要一环。

在共建"一带一路"合作中，多个国家已与中国合作开展 mBridge 项目测试，目标是在没有 SWIFT 的情况下，实现人民币与其他国家货币的直接结算。

这不仅节省了中间手续费，还绕过了以美元为主导的国际货币体系，具有重要的战略意义。

数字人民币锋芒初现，但道路依然漫长

截至 2025 年，数字人民币已在至少 20 个核心城市实现广泛试点，涵盖交通出行、商超零售、电商平台、政务缴费等多个应用场景，逐步构建起由中国人民银行主导、商业机构参与的数字支付生态。

数字人民币并未像微信支付当年那样"野蛮生长"，也不像 USDT 那样全球爆炸式扩张，而是选择了更为稳健的路径——

从公立医院到国有企业，从城市补贴到跨境支付，一步一步有序推进；

在公众认知层面仍显"低调"，但在政策体系中正迅速升温；

在国内与支付宝、微信支付并存，在国际上探索建立自主清算系统。

数字人民币像是一条静静游动的"数字鲸鱼"，悄无声息地改变着金融水域的底层结构。

随着数字人民币的推进，美联储加速重启数字美元项目，但至今仍争论不休。

为什么世界上最主要的货币，在数字货币项目上迟迟难以推进？

这不仅是技术落后那么简单，其根源在于多方利益格局的深刻重构。

下一节，我们将走进这个数字战场的另一端，去探寻数字美元姗姗来迟的真正原因。

7.2　数字美元为何姗姗来迟？

如果说中国推动数字人民币像是一支国家交响乐团在演奏，层层推进、有板

有眼，那么美联储的数字美元项目，更像是一场意见不一的合唱，旋律高低不一，节奏时快时慢，甚至时不时陷入沉默。

这对于很多人来说，是一个难以理解的问题。

美国是全球重要的金融中心，美元在世界货币体系中占据核心地位。既然技术上没问题，那为什么美联储迟迟没有推出自己的CBDC？

可见，问题的关键不在于技术，而在于利益博弈。在全球金融体系中，数字美元不是单纯的技术项目，而是牵动深层金融结构变化的"制度炸弹"。

让我们穿透技术表象，从制度博弈的关键维度，逐层剖析数字美元迟迟难以推进的原因。

美国国会听证会上的"灵魂拷问"

在2022年5月的美国众议院金融服务委员会听证会上，美联储副主席莱尔·布雷纳德就美联储CBDC相关问题进行了多次回应，问题包括——

CBDC是否会导致商业银行系统性脱媒？

CBDC是否意味着每个人的钱将由美联储直接管理，宛如"私人银行"？

CBDC是否会带来用户隐私泄露风险？

尽管她强调，CBDC将采用中介模式通过商业银行而非直接美联储发行给用户，同时参考现有支付系统的隐私保护和反洗钱框架。但这些问题背后，暴露出一个巨大的利益群体——商业银行系统的焦虑和反对。

因为一旦数字美元面向美国公众开放，那么每个美国人都可以直接在美联储开设账户，商业银行吸收存款、赚取利差等核心业务会受到冲击。

在传统金融体系中，银行靠吸收储户资金、发放贷款维持生存。一旦储户把钱转到数字钱包里，银行存款就会减少，有可能引发系统性风险。

所以，数字美元的推出，就像在原本牢固的金融生态里挖了一道沟。而这道沟的深浅，决定了未来美国银行业的生与死。

科技巨头是朋友还是对手？

除了商业银行，美国还有另一股不可忽视的势力，即科技平台公司。

在数字支付领域，科技巨头通过 Apple Pay、Google Pay 和 PayPal 等支付方式构建了自己的"半封闭式"生态系统，控制着入口（硬件）、体验（App）和数据（用户支付记录）。

数字美元凭借美联储的国家信用赋能，极有可能绕过这些平台，形成国家级支付基础设施。

这对于科技平台公司来说，是一种巨大且直接的生存威胁。

Apple 担心其钱包服务被边缘化。

PayPal 担心用户选择直接使用政府钱包。

Meta（原 Facebook）曾尝试发行自己的稳定币 Libra，但受到美国政府与银行系统的强烈反对，最终不得不放弃。

换句话说，在美国这个"私人企业参与国家治理"的模式中，科技巨头不是被动接受者，而是必须参与其中的谈判方。

这也让数字美元的推进变成了更为复杂的多边博弈。

美国国家安全部门的"隐形之手"

除了银行与科技巨头外，还有一个声音虽小但影响更大的机构——美国国家安全部门。

美元之所以强大，一方面缘于美国经济本身的强劲增长，另一方面也与全球主要结算体系（如 SWIFT）和美元清算渠道（如 CHIPS）的运行机制密切相关。

这种掌控力形成了美国"金融制裁"的能力：

> 对伊朗石油贸易实施经济制裁；
> 对俄罗斯境外资产进行冻结；
> 甚至对特定外国企业或个人限制美元使用权限。

这种超主权金融制裁，已成为美国"以非战争手段干预他国"的核心工具。

数字美元的全球化普及，很可能使这些工具受到挑战。因为一旦形成全球可用的数字美元钱包，就可能绕开现有的客户身份识别和反洗钱机制。

对美国国家安全部门来说，这是一种"去监管化"的风险。

因此，在美国关于数字美元的讨论中，国家安全、执法监管、国际控制力是极为关键的考量因素。

普通美国人想用还是不想用？

即便排除上述所有利益考量，数字美元仍然要面对一个更为根本的问题，即普通美国人愿不愿意使用数字美元？

在美国，隐私权是公民文化的重要组成部分。

数字人民币在中国能迅速推广，在很大程度上是因为公众对政府主导的金融基础设施接受程度高；但在美国，人们对"政府账户"的信任程度远远低于对 Apple Pay 或 Google Pay 的信任程度。

当你告诉一位美国用户："你可以在美联储开一个钱包，所有交易都会被记录在链上。"他很可能反问你："那政府能不能随时查我的账，冻结我的资产？"

这也是为什么美联储一再强调数字美元要具备隐私保护、可控匿名和限制性使用等特征。即便如此，美国公众心理上的抗拒仍然存在。

技术并非问题，机制才是瓶颈

实际上，美国在区块链、加密机制、身份验证等技术方面，并不落后于其他任何国家。

美国麻省理工学院（MIT）与波士顿联邦储备银行合作开发的汉密尔顿计划（Project Hamilton），已经完成了数字美元的技术原型测试，其每秒交易数（TPS）远高于比特币等加密货币，也要高于当前任何区块链的交易处理速度。

但技术不是最大瓶颈，机制才是：

如果数字美元只能在银行系统内部结算，那其就与现有系统没太大差别；

如果数字美元直接对个人开放，那就会引发上文提到的商业银行反对和居民个人隐私问题；

如果将数字美元开放给境外使用，又会引发公众对"货币外流"与"制裁弱化"的担忧。

这就形成了一个政策上的"结构性悖论"——无论怎么推进，总会触碰到某个敏感利益点。

美国的数字美元可能会长这样

面对多方博弈和高度复杂的环境，未来的数字美元，大概率不会"全放开"，而是采取"分层推进＋技术中性＋合规优先"的保守路线：

B2B 优先，先在银行间、企业间清算环节推进；

可控开放，面向个人时设置限额、实名、防欺诈机制；

多方参与，通过商业银行、科技公司发行"子钱包"；

国际协调，通过国际货币基金组织、国际清算银行协调参与多国 mBridge 项目。

可以说，美国不会反对数字货币的发展，但也不会贸然推动，而会选择一种既能控制节奏又能守住核心利益的方式。

换句话说：

> 中国用数字货币重构金融体系，拓展影响力；
> 美国则是用数字货币守住金融旧秩序，不让其太快崩塌。

一场制度模型的角力

数字人民币和数字美元的差异，并不只是"谁先上线""谁用的人多"，而是治理逻辑的根本不同——

> 一方强调国家主导、基础设施优先；
> 一方坚持市场主导、权力制衡。
> 而介于二者之间的，还有第三种数字货币形态，那就是稳定币。

稳定币由企业或社群发行、用现实资产支撑、遵循代码规则运行，是数字金融领域"野生而强大"的力量。

那么，除数字人民币与数字美元之外，这些位于"中间地带"的稳定币，是会成为主角，还是最终会"让位"？

我们将在下一节深入探讨，稳定币与 CBDC，谁才是未来的主力选手？

7.3　稳定币与 CBDC 的终极对比

在漫长的货币演进史中，每一次技术与制度的结合，都会引发一次对"定义权"的争夺。从贝壳到金属再到纸张，今天，我们站在"数字货币"新时代的门槛上。

这一次，争夺战的主角并不只有国家。

一边是由国家主导、中央银行背书的 CBDC，另一边是由企业或组织发行、用区块链技术驱动的稳定币。

CBDC 代表制度秩序的正统，而稳定币代表技术自发的创新。它们都声称自己是未来数字时代的"货币核心"，却在理念、机制与应用路径上大相径庭。

那么，稳定币与 CBDC，谁才是未来的主力？它们究竟有何不同？

我们不妨从五个关键维度，逐一拆解。

市场驱动与官方背书

这是最本质的差别。

稳定币通常由企业或去中心化组织发行。例如，USDT 由 Tether 控制，USDC 由 Circle 发行，DAI 由 MakerDAO 社区管理。

CBDC 则由中央银行直接发行，拥有主权信用背书，是国家货币体系的数字形式。例如，中国的数字人民币、欧洲中央银行计划发行的数字欧元等，均属于此类。

这就意味着，CBDC 天然享有国家信用背书，法律强制认可，支付场景可接入税收、社保、公共服务等国家体系；稳定币的价值则依赖于其储备透明度与市场信任度，一旦储备资产或治理结构出现问题，就可能出现类似 Terra 事件中的"脱锚"或崩盘风险。

一句话总结就是：

CBDC 是"法定的数字钱"，稳定币是"市场的数字券"。

现实资产与政府信用

稳定币为了保持价值稳定，必须锚定某种现实资产（通常是美元），并用相应储备进行支撑。

USDT、USDC 等属于法定货币储备型稳定币，承诺每发行 1 枚稳定币，背后有 1 美元等值资产（现金、短期国债等）作为储备；

DAI 则是加密抵押型稳定币，通过质押 ETH 等数字资产来生成；

部分算法稳定币试图不靠储备，而通过复杂算法维持锚定，但很多已被证伪，风险极高。

CBDC 则不需要资产储备，因为其本身就是主权信用的体现。只要一个国家的货币体系存在，其 CBDC 就具备价值。

这在本质上看，是资产锚定与国家信用的对抗。

稳定币是一种信托商品，CBDC 是国家发行的一种货币主权工具。

匿名与可追踪

从用户角度来看，最敏感的一个问题就是谁能看到交易记录。

CBDC 设计普遍强调"可控匿名"或"分级隐私"：

小额交易可以匿名，大额交易则必须实名；
政府与执法机构有能力介入调查。

例如，数字人民币就设有多种"钱包等级"，根据实名认证程度限制可用额度和隐私级别。

稳定币则运行在公开的区块链网络上，交易透明，但用户身份未必实名：

用户可以自持钱包；

在监管力度较弱的国家，可以用稳定币做点对点交易，几乎无须实名。

这就意味着，对个人用户而言，稳定币可能更自由、更隐私，也因此多被用于灰色地带。

所以，不同用户群体对"隐私"的权衡，极有可能影响他们对这两种货币的偏好。

开放与封闭

稳定币，尤其是锚定美元的稳定币，已经在某种意义上成为"美元国际数字形态"。在阿根廷、尼日利亚、土耳其等通胀严重的国家，人们更愿意把 USDT 视为"避险资产"，而非本国货币。

稳定币的"开放性"，让其可以在国际市场上迅速传播——

易于跨境流通；
只要有区块链账户就能使用；
不依赖于国际银行体系（如 SWIFT、Visa）。

CBDC 则是国家主权的延伸，通常设计为本国居民优先、本币用途优先。

即便一些国家正探索"跨境 CBDC"合作（如中国参与的 mBridge 项目），但整体基调偏谨慎开放。

因此，我们可以说：

稳定币更像"互联网时代的美元出口品"，CBDC 则更像"数字时代的国民身份证"。

开源与保守

最后，我们来看看技术本身。

稳定币大多建立在公共区块链网络（如 Ethereum、Solana）之上，天然具备可组合性和开源属性。它们可以——

嵌入 DeFi 应用；

与智能合约结合；

成为 Web3 生态的"底层支付"。

CBDC 则多采用许可性质的联盟链或私有链，架构上更保守，功能上更局限。例如，大多数 CBDC 不支持智能合约，应用场景往往限于消费、转账、公务支付等。

这也就解释了，为什么在 DeFi、NFT、链游等新兴领域，稳定币是事实上的"主力货币"，而 CBDC 几乎无法介入。

可能不是"非此即彼"

回顾五大维度，我们不难发现如表 7-2 所示的对比结果。

表 7-2　稳定币与 CBDC 对比

维度	稳定币	CBDC
发行主体	市场组织	中央银行
价值锚定	资产储备	主权信用
隐私与自由度	链上可见，身份不一定实名	可控匿名，强监管
国际通用性	易流通，天然跨境	国家限制多，跨境需谨慎
技术架构	去中心化，兼容性强	封闭式，功能保守

资料来源：笔者整理。

我们无法简单评判谁优谁劣。更可能的趋势是：

　　在国内支付、政府管理的场景中，CBDC 占据主导地位；

　　在跨境支付、Web3 生态、通胀避险中，稳定币拥有强大生命力；

　　未来，稳定币和 CBDC 还可能实现一定程度的"互通与协调"。

也许，最终的货币体系是这样的：

CBDC 作为"法定货币内核"，稳定币作为"市场外延"，共同构成数字金融的双轮驱动。

在本章，我们看到了 CBDC 的强势崛起，以及稳定币与其的拉锯战。

下一章，我们将把视野从货币工具本身，进一步推向整个社会形态：

　　当稳定币和 CBDC 全面普及后，我们的消费、储蓄、支付、监管将如何变革？

　　我们会不会进入一个真正"无现金"的世界？

　　又有哪些风险需要防范？

第 5 部分

未来货币秩序的重构

在前面的章节中，我们回顾了稳定币的诞生、发展与存在的争议，见证了它在跨境支付、投资等多个领域的突破性应用，也目睹了来自CBDC的"官方反击"。

但是，这一切都还只是序章。

真正决定稳定币未来命运的，不只是监管法案、中央银行态度和市场接受度，还有技术与数字基础设施的融合和演进。

接下来的这一部分，我们不再仅仅讨论"货币本身"，而是要走入更加广阔的未来场景，看看稳定币如何与人工智能、物联网、链上身份（DID）等技术交织，共同重塑人类的日常生活方式与金融秩序。

这一切，将从一个极具现实感的故事开始说起。

第 8 章　新技术浪潮中的稳定币

2027 年初，中国香港。

老张正在厨房烧菜，突然听到窗外电动汽车发出一声"嘀嘀"的提示音。老张走出去一看，仪表盘显示系统刚刚完成一次自动充电。

"怎么充电桩没让我扫码？"

他打开手机，一条通知跳了出来——"已自动使用 USDC 稳定币支付充电费用 27.5 元，支付方为车载钱包，收款方为电力有限公司智能合约"。

老张笑了笑："原来人工智能和稳定币搞定了一切。"

这不是科幻，而是正在逐渐成为现实的图景。我们正在步入一个稳定币深度嵌入日常生活、设备自主行动的智能经济时代。

8.1　稳定币 + 人工智能

想象一个没有催费短信的未来。

没有银行代扣、信用卡绑定、忘记缴纳水电费的尴尬时刻。

你只需要一次性设置好一个智能合约指令：每月电费账单生成后，若账户余额大于电费金额，则自动以稳定币支付，不再需要用户确认。此后，电表读数上传、账单生成、支付清算全部在后台由算法自动完成，不需要人工干预。

这不是幻想，这正是稳定币、人工智能、智能合约协同带来的未来支付方式。

自动化的微支付场景正在到来

在人工智能和自动化时代，许多原本"靠人来点确认按钮"的交易正逐步自动化。

比如——

电费、水费、燃气费、物业费；

每分钟云计算租用费；

数据调用 API 的付费请求；

新闻阅读计费（按秒计费）；

ChatGPT 等人工智能大模型每次对话服务的计费……

这些场景有几个共同特点：

支付频次高、金额小；

不需要人工逐笔确认；

需要完善高效清算系统与稳定计价机制。

传统银行卡系统应付这类"高频低值"交易非常吃力：手续烦琐、清算慢、结算费高。

稳定币就成了这种交易支付的理想选择：

秒级到账，绕过 SWIFT/Visa；

价值稳定，无须担心汇率波动；

与智能合约无缝衔接。

人工智能的加入，则让这些支付指令具备"自我判断力"——可以评估何时支付、是否延后、是否分批，甚至还能比价自动挑选更优服务。

稳定币与人工智能的协作逻辑

传统支付方式的核心是"人做决策"，现在人工智能正在替代人类行使这一个职能。

举个例子。

你订阅了一项人工智能写作服务，每月使用量不同。传统方式是每月结算一次账单，由用户确认并支付。

但未来的模式可能是这样——

人工智能模型监测你的使用频率；

若本月超过设定量，人工智能主动判断性价比，可能暂停服务或推荐降级；

若确认继续使用，人工智能会自动"调用"你钱包中的 USDC；

一个智能合约完成支付动作，并留下完整可验证的链上凭证。

在这个过程中，人类不再是主动参与者，而是成为授权者和规则设定者。

我们只需要告诉人工智能"保持账单不超出预算，每次支付上限不得超过100 元"，就可以了。

一旦人工智能能够在规则范围内做决策，"支付"这个动作就从"点击完成"进化为"系统自洽"。

稳定币成为"Web3+ 人工智能"经济体的底层燃料

你或许听说过"AI Agent"，它们是由算法驱动、拥有目标、自主完成任务的智能体。

未来，某些人工智能将会具备：

自主"雇用"别的人工智能或服务；

消费算力、购买数据、调用 API；

甚至拥有自己的"收入"（比如协助写作、设计、翻译后被用户打赏）。

因此，人工智能需要一个"钱袋子"，这个"钱袋子"既要安全、程序化，又要能跨境自由使用。

传统银行转账、信用卡、PayPal 很难满足这些条件，但稳定币可以。

你甚至可以给你的人工智能助手发工资，让它在你授权范围内帮你处理生活事务，而所有支付行为都以稳定币形式结算。

这标志着：

稳定币不仅是"人的支付工具"，也正在成为"人工智能的交易接口"。

当人工智能开始"花钱"，稳定币将无处不在

当我们说"未来的交易是机器的协作"时，别以为这只是一个技术口号。它正在从智能电表、自动驾驶等人工智能应用逐步渗透到现实生活。

稳定币作为一种价值稳定、链上可编程、国际通用的数字货币，正好成为智能体中的理想结算单元。

就像电是人工智能运作的能源，稳定币则是它们交易的货币。

当我们走进一个"无须按下付款按钮"的时代，稳定币会变得像水、电、空气一样无处不在。

下一节，我们将进一步讨论，当万物联结成网、机器拥有钱包时，它们是否能自行付款、订货甚至彼此谈判？

8.2　稳定币 + 物联网

清晨 6 点，刘女士的电动汽车从车库中缓缓驶出。

当她还在卧室打哈欠时，智能驾驶系统已自动判断电动汽车电量不足，路过社区充电桩时完成了充电。支付过程不需要扫码、不用绑定银行卡——汽车内嵌的钱包通过智能合约，自动支付了等值的稳定币。

与此同时，刘女士家里的智能冰箱检测到"牛奶库存不足"，自动对接供应商系统、筛选商品，下单一瓶牛奶。收货地址、开门密码、付款方式一切都在链上清晰可见。付款？早在确认订单后几毫秒内就完成了稳定币支付。

这一切交易行为，不再需要人类亲自参与。

这就是物联网与稳定币相结合所开启的新图景。

当设备拥有了"钱包"，就开启了万物支付的时代

在物联网发展的早期阶段，大多数设备只是"数据上传工具"。汽车回传行驶信息、手环记录心率、冰箱监控温度……但现在，它们正逐渐获得"行动权"，尤其是在支付方面。

其中，稳定币扮演着至关重要的角色——

它们可编程，可以被写入设备行为逻辑；

它们不需要银行接口，能被设备自主管理；

它们跨境流通稳定，全球设备可适用统一标准。

举个例子。一辆电动汽车内置稳定币钱包；智能合约设定，当电量低于30%时，寻找附近充电桩并比价；系统判断最佳充电站点后，发起"充电＋支付"指令；稳定币即时支付，对方确认充电开始。

这类场景在传统支付体系下难以实现，原因在于银行系统对"非人类账户"限制极大，而链上钱包却天然开放给"物体"和"软件"。

于是，我们迎来了一个现实问题——

当物品能够自己"付钱"时，我们还需要为它们刷卡吗？

稳定币使"自动交易"成为可能

从牛奶到电，再到数据流量、停车费、道路通行权……设备将拥有各种微型支付功能。

以下是几个真实存在或正在试验的案例。

①自动加油支付

用户首次在某加油 App 上绑定稳定币钱包并预授权，后续进站时车辆 GPS 触发加油站地理围栏，油枪数据自动同步至链上钱包并扣款。支付全程用户无须掏手机，耗时从 5 分钟减少至 10 秒左右。

②物联网数据交易市场

某"物联网数据资产化"项目通过物联网设备（如充电桩电流传感器、光伏电站辐照仪等）实时采集物理数据，经加密后直连区块链，生成唯一哈希值存证。将数据读取权限转化为 ERC-3643 合规代币，买方支付稳定币（如 USDC）购买代币后，可通过私钥解密访问数据。采用智能合约触发"数据交付即支付"，稳定币由买方钱包自动划转至卖方钱包。

③家居自动补货

某公司曾试验过"冰箱自动订牛奶"，但原始方案需要绑定支付宝或银行卡，烦琐且易出错。使用稳定币钱包后，冰箱可以像一个"购物代理人"，只要有余额，即可完成支付链路。

为什么不用支付宝或 Visa？

你可能会问，这些功能听起来很好，但为什么非要用稳定币？我们已经有了扫码支付、自动扣款等功能，难道还不够吗？

答案是，传统支付并不适合"机器支付"。表 8-1 是稳定币和银行/银行卡系统在使用上的对比。

表 8-1　稳定币和银行/银行卡系统在使用上的对比

特点	稳定币	银行/银行卡系统
账户绑定	可由物联网设备直接持有	必须实名开立、绑定身份证
跨境支付	几秒内完成	数小时至数天，受限于 SWIFT 等系统
可编程性	原生支持智能合约	不支持，需依赖第三方接口
支付成本	极低（部分链几乎为零）	高昂，尤其是微额交易时
对"非人类账户"的支持	天然支持	完全不予支持或存在法律障碍

资料来源：笔者整理。

如果我们希望让冰箱、汽车、无人机、机器人具备"钱包"功能，推广稳定币是目前唯一现实、技术上可行的路径。

你家冰箱会"乱花钱"吗？

当然会。而且除了可能会"乱花钱"外，还有很多其他问题也不容小觑。

①安全问题

如果冰箱钱包被黑客攻击，钱包里的钱是否可能被用于洗钱或非法支付？这要求在设备层面强化身份认证和对钱包权限的管理。

②消费规则设定

"每日最多自动支付不超过 100 元""必须获得用户同意"等限制，要通过智能合约清晰设定。否则，你家冰箱上的钱包真的可能会乱花钱。

③隐私保护问题

如果每一次冰箱采购都能被链上追踪，如何保护家庭消费隐私？

解决这些问题，涉及的不仅是技术，还包括法律、伦理与人机交互的新规范。但这并不意味着我们应该退缩，相反，我们需要进行前瞻性设计，以防"万物钱包"失控。

从机器打工赚钱，到设备间协议交易

设想一个更遥远的场景：

　　一辆无人驾驶出租车，白天服务客户收取 USDC；

　　晚上自动驶入充电站补电；

　　每周支付停车场车位租金；

　　每季度上传行驶数据给保险公司获取折扣；

　　将部分稳定币"收入"返还至车主账户。

　　这一系统不需要银行、司机、后台会计，只要有代码、钱包、合约和链上清算即可实现。

　　稳定币在这里的作用就是提供了"机器可以持有的货币"，让它们自主具备"经济行为能力"。

当物联网握住"钱包"，稳定币就是血液

　　稳定币正在为物联网注入全新的能力：自主支付与价值交换。

　　不再是冰箱被动上报库存、电动汽车等待用户来扫码，而是它们主动完成支付、采购，甚至讨价还价。

　　这一切的前提是稳定币作为"机器友好型货币"，在使用上要具备：

　　稳定计价；

　　应用程序接口；

　　无须许可的全球流通性。

　　因此，当你下次看到一辆静静停在路边的无人驾驶车时，别惊讶，它可能刚刚使用 USDC 买了杯咖啡，在等待客人上车。

　　下一节，我们将讨论一个更具哲学色彩的问题：

　　如果稳定币与链上身份结合，人类是否将拥有无国界的金融护照？

8.3　稳定币 + 链上身份

　　2029 年春天，马丁在东南亚的某个海岛醒来。他不是公民，不是游客，也

没有当地银行卡。但他需要支付昨天租赁摩托车的费用。

他打开手机，一个名为"Self-ID"的链上钱包跳出来。账户里有 DAI 资产余额、一份链上身份证明和最近几次交易的链上记录。他通过扫码支付，摩托车行的智能合约系统在确认马丁是"可信身份"后，自动放行。

没有银行、没有当地手机号。

马丁有的，只是一个属于自己的身份，和可以跨国自由流动的稳定币金融账户。

链上身份是什么？

在传统互联网中，我们的身份被掌握在平台手中。

想开个 PayPal 账号，要验证邮箱、手机号、银行卡等；

在银行开户，需要身份证、家庭地址、收入流水等；

出国旅行，需要护照、签证、入境卡……

这些身份都是"中心化、孤岛式"的，无法跨平台、跨国家、跨系统通用。换句话说，身份碎片化严重。

去中心化的链上身份是一种全新的思路。

身份信息（如出生地、学历、信用评级等）被加密后存储在区块链或关联数据库中；用户拥有自己身份的私钥，无须依赖政府或企业认证；每次验证时，只需授权读取部分信息，且无法被篡改、重复注册或随意撤销。

简言之，你就是你自己的身份证、护照、信用报告提供商。

为什么稳定币 + 链上身份是完美组合？

光有身份还不够，行动还需要"钱"。

如果链上身份让你成为一个"可信人"，那么稳定币则让你成为一个"有支付能力的人"。

两者结合，就诞生了这样一种新型账户：

> 不依赖银行；
>
> 不限制国家和地区；
>
> 可随时接收或发送资金；
>
> 可供智能合约调用身份状态、行为偏好；
>
> 不被任何单一平台所控制。

这就意味着——

> 你可以在 Web3 平台工作，收入直接转入稳定币钱包；
>
> 你的信用历史、身份认证、学历等信息可被雇主合约读取；
>
> 你在任何国家租房、购物、理财，都可以直接使用这个账户完成支付；
>
> 如果你愿意，还可以匿名化处理其中任意部分。

这正是"Web3 金融护照"的雏形。

未来身份 + 钱包的生活方式

以下是一些我们已经实现的真实生活场景。

①跨境自由职业者

莉莉是一名印度尼西亚自由平面设计师，客户遍布全球。她使用的是 Lens

Protocol 的链上身份认证与一个 USDC 钱包，客户付款、她在链上完成开票、结算、身份验证等各个环节，手续费几乎为零。

她不需要开设银行账户，也不担心被 PayPal 封号。

②难民身份验证＋援助发放

世界粮食计划署（WFP）在约旦试点了区块链食物采购系统项目。使用虹膜识别设备可验证身份，交易记录被保存在私有 Ethereum 链上，精简的支付流程减少了 98% 的中间环节费用。

③数字游牧者的"国际账户"

在许多国家，不是本国公民就无法享受银行服务。但通过"稳定币＋链上身份"，数字游牧者只需要一个手机就能使用"类银行账户"的功能，包括收付款、结算、抵押借贷，甚至购买保险。

全球金融的新想象

全球超过 10 亿成年人仍然没有银行账户，被排除在传统金融体系之外。这些人中很多并非贫困，而是因为——

没有有效身份证明；

不符合"合规条件"；

所在地区没有可靠银行系统。

他们是"被金融遗忘的人"。

稳定币＋链上身份恰好为他们提供了另一条路：

不需要政府认证，只要社区共识或多方签名即可激活身份；

不需要银行中介，只要有网络，就能接收和发送资金；

交易透明、资产可审计，更利于合规监管；

可编程身份限制，对未成年人、诈骗者可设置智能合约封锁规则。

这种新机制，可能不久就会成为联合国或世界银行提升全球金融包容性水平的重要工具。

身份伪造、隐私泄露、黑名单等挑战依然严峻

当然，上述愿景的实现也面临大量问题。

①身份造假

尽管链上身份声称"去中心化"，但初始认证的"源头信任"仍然重要。一旦源头不可靠（如某国某黑市组织虚假发放身份），整个系统就容易被"污染"。

②隐私风险

如果链上记录了用户的交易、出行、健康保险记录，即使加密，也可能通过数据分析手段还原出个人画像，进而被追踪或歧视。

③被列入黑名单或断链

某些国家和地区可能认定稳定币 + 链上身份为逃避监管的工具，对个人实施"链上封锁"或断网措施。对这些人而言，自由与合规之间的平衡是长久的博弈。

从护照到链上账户，未来的身份是"我可验证"

稳定币 + 链上身份，正逐渐成为 21 世纪金融自由的基石。

它们代表着一种新的身份哲学：

不需要知道你是谁，而是你要能被验证为某种"行为体"；

不需要看你出生在哪里，而是要验证你在链上有哪些记录；

不需要国家护照，而是要拥有一份全球通用的金融身份证明。

或许，在不远的未来，去银行开户、过海关出示护照、拿着现金交房租这些事，都将成为历史。

一个"智能手机 + 链上钱包 + 链上身份"账户，将成为下一个时代每个人的"数字身份证 + 钱包 + 信用积分"。

我们分析了稳定币的技术、应用与风险，也看到了其与人工智能、物联网、链上身份融合的图景。但终极问题仍未被解答：

稳定币是会彻底重塑货币世界，还是会被监管者、CBDC、传统金融体系联手压制？

第 9 章　全球博弈中的稳定币

稳定币不只是技术产品，也是地缘政治的"新棋子"。

如果说 ETH、比特币代表着一种"去中心化、自由主义"的理想主义冲动，那么稳定币的流动轨迹，则越来越深地嵌入全球金融博弈的格局。

过去几十年，美元通过 SWIFT 系统、石油结算体系等构建起全球优势地位。今天，一种看似去中心化的"民间加密货币"——USDT，正在悄然扮演着新的角色。

各国中央银行是否正失去"货币主权"？

让我们再从这个绕不过去的主角 USDT 说起。

9.1　美元影响力的隐秘扩张

"你有没有意识到，整个非洲加密市场的主流交易币是 USDT？"

这是 2023 年非洲尼日利亚一位加密市场交易员的观察。当本国货币贬值、人们难以获得美元现金时，越来越多人选择在 P2P 市场购买 USDT，把它作为"数字美元"储存起来。

你没有看错。它不是美元，但却像美元一样被使用；它不是美国政府发行的，但价值锚定美元；它没有被正式授权，却已经渗透全球。

而这场"非官方美元化"的过程，背后是一艘高速行驶的"数字战舰"——USDT。

USDT 是如何成为"全球影子美元"的?

从 2014 年创立至今,Tether 发行的稳定币 USDT 经历了惊人的增长:

2019 年,USDT 流通量不到 40 亿美元;

2024 年,USDT 发行量突破 1100 亿美元;

2025 年,USDT 流通量已经超过 1500 亿美元;

USDT 占据全球稳定币市场约 65% 的份额,远超 USDC、DAI 等竞争者;

USDT 在全球 100 多个国家和地区被使用,尤其在新兴市场国家和限制外汇流通的国家中迅速扩张。

最典型的例子——

阿根廷人用 USDT 抵御本币贬值风险;

中国人通过 USDT 进行跨境支付;

土耳其人在电商平台上收取 USDT;

非洲、南亚地区的跨国劳工将工资转成 USDT 汇回家。

这已经不是在"炒币",USDT 成为现实生活中的金融工具,是"美元的数字影子"。

USDT 真的和美国有关吗?

一个颇具争议的问题是,USDT 到底是不是"美元的马甲"?

表面上,Tether 是一家注册在英属维尔京群岛、母公司曾涉及多个国家的"离岸公司"。它长期强调自己是"非美国监管体系的一部分"。

但深入观察会发现以下几个关键点。

①储备资产大多是美元资产

Tether 承诺以 1∶1 锚定美元，2024 年其披露的储备资产中包括——

美国国债，所占份额超 70%；

逆回购协议，几乎只在美联储体系内运行；

美国银行存款或短期票据。

这意味着，Tether 发行 USDT 越多，购买的美国国债就越多。

换句话说，Tether 通过市场化方式，变成了美国财政部的"隐形买家"。

②使用场景助推"美元地位"提升而非挑战美元

在许多国家，USDT 并不挑战美元，而是替代现金美元流通，比如：

美元兑换困难时，USDT 成了中间媒介；

墨西哥、委内瑞拉的居民用 USDT 逃避本币贬值风险；

加密平台在全球为 USDT 提供兑换、支付、存储等服务。

这使得美元以"去银行化"的方式渗透进各个角落。

③美国监管"时紧时松"，态度微妙

美国政府多次表达了对 Tether "不透明资产储备"的关切，然而真正采取行动时却总是点到为止。

例如，2021 年 10 月，美国商品期货交易委员会因 Tether 对 USDT 的资产储备进行误导性陈述，对其处以 4100 万美元罚款。2022 年起，美国财政部多次关注并敦促加强对涉及恐怖组织使用 USDT 的监控与资金封锁；但截至 2025 年，美国并未正式禁止 USDT 流通，也未切断其与银行系统的连接路径。

这让一些分析者怀疑，Tether 是否已经成为美国政府默认支持的"数字美元外包商"？

USDT 是"新美元战舰"吗？

我们不妨用一种军事隐喻来理解：

> SWIFT 系统，是冷战时期的航母编队；
> Visa 和 Mastercard，是精密的远程打击系统；
> 美元国债，是大后方的军火库；
> USDT，则是新一代灵活快速的无人机战队，成本低、覆盖范围广、打击目标灵活。

USDT 的强大之处在于——

> 不需要银行账户、政府授权，只要有手机和网络，就能拥有美元等值资产；
> 具有更强抗审查性和匿名性，用于对冲、避税甚至非法支付；
> "美元味"十足，却不受美联储直接控制，保持"民间中立"的立场。

这使 USDT 成为美国在面对金融地缘竞争时的"一把双刃剑"。

一方面，USDT 帮助美元更广泛地进入全球边缘市场，巩固了美元的主导地位；另一方面，USDT 也确实削弱了美联储对"谁能用美元"的最终控制权。

从现实效果看，它更像是一艘灰色战舰，并不打着美国旗号，但始终在流通"海域"为美元主导地位护航。

未来会被接管，还是演变成"官方外援"？

USDT 的下一步发展方向引发诸多猜测。

① USDT 会被"国有化"吗？

部分分析者认为，美国财政部或美联储未来可能采取立法手段"收编"USDT，使其成为一种受官方监管的稳定币。

这就像历史上私铸货币最终都被中央银行接管一样。

② USDT 会成为美国的"非官方支付工具"吗？

当然可能。但另一种可能是，维持半合法状态，在全球范围内为"美元支付自由"保驾护航，尤其在与中国数字人民币、新兴市场国家本币竞争中继续扮演"桥头堡"的角色。

③ USDT 可能被挑战者围堵吗？

当然，USDT 也可能面临——

欧盟 MiCA 的严格监管；

中国 CBDC 系统对其的替代；

各国反洗钱规则对其构成的事实上的封锁；

加密抵押型稳定币（如 DAI）的技术性超越。

但截至目前，USDT 仍然是全球稳定币领域最强势的存在，其金融地位和影响力日益凸显。

看似中立，实则不无政治意味

稳定币不只是工具。

USDT 也不只是加密货币。

它已经成为一种全球金融结构变化的象征——

"去银行化 + 去国界 + 去中介";

在实际运作中,延伸了美元体系的触角;

并在高通胀、政局不稳的国家中,承担着某种"稳定器"作用。

我们也许应该这样看待 USDT:

不是它有多强,而是美元在它的影子中仍然走得很远。

接下来,让我们把目光转向欧洲、亚洲的新型货币试验——

谁在构建新的稳定币体系?是否可能打破美元的长期主导地位?

9.2　多极货币秩序正在形成

数字美元未动,数字欧元先行。

2023 年秋,欧洲中央银行正式宣布启动数字欧元的筹备工作,引发全球广泛关注。在当前全球聚焦货币数字化竞争的背景下,欧元体系突然发力,释放出明确信号:货币数字化正在形成多极格局。

2022 年以来,一个"多极数字货币秩序"正在不同的金融体系中枢悄然成形:

新加坡力图将"数字新加坡元"建设为跨境结算的枢纽;

中国香港在推进数字港元(e-HKD)的同时,也逐步建立涵盖稳定币的金融科技监管体系;

日本、瑞士、阿联酋等国家也在加快 CBDC 的试验步伐。

这些国家和地区正在通过数字货币路径增强其货币主权与全球金融布局的独立性,它们不再满足于在美元主导的轨道中运行,而是要在数字时代重新划定自己的货币势力范围。

这一节，我们来看看：

这些"非美元阵营"的国家和地区是如何理解、规划和部署数字货币的？

它们的目标，是挑战美元主导地位，还是加强自我保护？

欧洲中央银行的"数字野心"

在稳定币快速发展的趋势下，欧洲中央银行最初对数字欧元保持审慎态度、担忧其可能冲击现有的银行体系与金融稳定，但自 2023 年起，其政策方向发生显著转变：

> 正式宣布启动为期两年的数字欧元筹备工作；
>
> 明确将数字欧元作为零售支付的电子法定货币补充，并具备线上线下通用能力；
>
> 鼓励本地商业银行、商户和金融科技企业共同参与试点与生态建设。

欧洲中央银行的目标是在维护金融中介职能与保护个人隐私的基础上，推动数字欧元形成高效、安全、包容的支付新范式。

更深层次的目的其实是战略防御。

欧盟担心美元稳定币（尤其是 USDT、USDC）过度占据跨境支付与数字钱包市场；欧洲消费者在使用加密资产时，更多选择锚定美元而不是欧元。若长期下去，欧元的国际使用率和信用地位将逐步降低。

因此，数字欧元的推出，不仅是为了便于零售支付，更是一次货币地位保卫战。

让数字新加坡元统治跨境支付?

在数字货币的"战局"中,新加坡正在悄悄布局,目标不是本地支付,而是对跨境交易的控制。

自 2016 年起,新加坡金融管理局就通过数字货币计划"Project Ubin"探索本地支付系统的数字化;2021 年,新加坡金融管理局联合多国中央银行与国际清算银行创新中心发起创建 Project Dunbar 平台,试点 CBDC 在区块链上的跨境实时结算机制。

试点内容包括:

> 在区块链上实时结算不同国家的法定货币;
> 在不依赖 SWIFT 的前提下实现高效清算;
> 兼容企业支付、国际贸易融资、证券结算等场景。

更重要的是,新加坡可能还设立了一个颇具野心的目标:

> 成为"数字货币中立港",类似过去的"离岸美元中心",吸引全球资金以数字货币形式在新加坡流通与托管。

在现实中,这种结构已经部分成形:

> 多家稳定币公司(如 Circle、Paxos)选择在新加坡注册并发行稳定币;
> 新加坡当地银行支持企业开设数字货币账户;
> 监管制度清晰明确,成为全球合规友好国家之一。

从货币政策的角度来看,这不仅能提升新加坡自身金融枢纽地位,更有助于其借助数字货币参与全球金融治理。

中国香港既监管稳定币，又推动数字港元发展

中国香港的角色，注定复杂而关键。

它既是中西方金融规则的交汇点，又是中国内地与全球资本的重要枢纽。在稳定币的全球战局中，中国香港正同时扮演着两种看似矛盾却又并行推进的角色。

一方面，它是全球合规金融网络中的"压舱石"，必须对稳定币设立清晰的监管边界；另一方面，它又是粤港澳大湾区的一员，要积极探索数字港元与数字人民币的双轨联动，走在数字货币应用前沿。

2022 年 1 月 12 日，香港金融管理局发布《关于加密资产和稳定币的讨论文件》（ *Discussion Paper on Crypto-assets and Stablecoins* ），重点提出应优先监管与支付相关的稳定币。2023 年 1 月 31 日，香港金融管理局发布该文件的咨询总结，再次强调监管需覆盖支付相关的稳定币，并为其后立法预热。2025 年 5 月 21 日，中国香港特区立法会通过《稳定币条例草案》，并于 2025 年 7 月 2 日以答问形式由立法会官员确认，将于 2025 年 8 月 1 日正式生效，届时香港金融管理局开始受理牌照申请。这标志着中国香港成为亚洲首批设立稳定币牌照机制的地区之一。

其核心条款包括：

所有在中国香港发行或针对中国香港公众的法定货币挂钩稳定币，必须取得香港金融管理局的牌照；

稳定币发行人必须备足高质量储备资产，且以信托方式独立托管，不能挤兑；

未获授权者不得向中国香港公众宣传、发行稳定币。

但中国香港的监管策略并不只是"设防"，而是呈现出一种"有条件开放"

的姿态。香港金融管理局多次表示，未来将优先考虑与本地零售支付、跨境小额支付等实际应用场景结合的稳定币项目，并计划采用"监管沙盒"机制支持创新企业试点落地。一些香港本地银行与 Web3 企业已启动早期合作试验，测试稳定币在钱包结算、跨境汇款等具体应用场景中的可行性。

在监管稳定币的同时，中国香港也在积极推动自己的本地数字货币项目——数字港元。自 2022 年起，香港金融管理局陆续启动了多轮数字港元零售试点，重点关注三个方向：

> 小额高频支付场景，如便利店、地铁站、数字钱包等；
> 可编程支付功能，与智能合约接入；
> 与银行、电商平台的接口联通，增强支付生态的灵活性。

虽然数字港元仍处于探索阶段，但其设计理念更偏向于本地零售场景应用，而非大规模跨境用途。然而，这并不妨碍中国香港参与到更宏大的国际试验之中——mBridge 项目正是典型代表。

由国际清算银行牵头的 mBridge 项目，是全球首个由多家中央银行共同参与建立的跨境 CBDC 结算平台。该平台旨在实际测试不同国家数字货币的互操作性与清算效率，中国香港作为核心测试方之一，也被视为未来多边数字货币交易的技术通道。

换句话说，中国香港正身处一个重要的十字路口。它一手监管美元锚定型的稳定币项目，一手推进数字港元的本地化试点，同时对接数字人民币跨境通道，参与 mBridge 项目这样的多边 CBDC 互联试验。

在美元稳定币、数字港元、数字人民币、mBridge 项目四种力量交汇之处，中国香港成为一个独特的"金融实验室"。它既是规则的守门人，也是未来支付形态的试验田。

多级数字货币分层结构正在出现

如果说，过去的全球货币体系是一个美元主导的金字塔结构，美元在顶端、欧元和日元在中层、本币在底层，那么现在，我们正在形成多级数字货币分层结构，如表 9-1 所示。

表 9-1　多级数字货币分层结构

层级	主体	特征
顶层	USDT、USDC、未来的数字美元	覆盖范围广、流通性强、美元锚定
中层	数字欧元、数字港元、数字人民币、数字新加坡元等 CBDC	区域影响力强、受监管、用于本地支付和区域结算
底层	稳定币挂钩的新兴市场货币（如 TRY[①]、MXNT[②]）	用于本地抗通胀或资本避险

资料来源：笔者整理。

这种多极化趋势，具有以下三点意义。

一是区域货币数字化主权增强。欧盟、东南亚国家、海湾国家通过自身货币数字化，增加使用场景，提升结算便利性，减少对美元稳定币的依赖。

二是"桥梁货币"浮现。新加坡、中国香港等地正在争取扮演不同数字货币之间的桥梁角色，成为不同国家数字法定货币互操作的中间枢纽。

三是规则之争加剧。谁来制定数字货币互操作标准，谁拥有跨境监管权，成为国际谈判的新议题。

---

① TRX，与土耳其里拉挂钩的稳定币。
② MXNT，与墨西哥比索挂钩的稳定币。

货币多中心秩序悄然建立

当今的稳定币战局已经不是一家独大的格局，而是多个金融中枢以数字形式重构自己的货币影响力。欧洲希望以数字欧元捍卫货币主权与信用根基；新加坡抢占跨境数字结算的战略高地；中国香港试图构建多边数字货币交易的通道；其他国家和地区也在尝试寻找"局部替代美元"的路径。

这场变局或许还未最终到来，但我们已经看到国际货币体系的未来格局不再是单极统治，而是多极平衡中的微妙协作与竞争。

那么，一个更根本的问题也随之出现：

当越来越多国家发行自己的数字货币或者监管稳定币时，稳定币是否会威胁国家的货币主权？

这将是我们在下一节继续讨论的核心议题。

9.3 稳定币会让国家失去货币主权吗？

"如果货币可以由民间发行，政府还有什么力量？"这是 2020 年美国参议院一次关于加密货币监管的听证会上，一位议员提出的问题。当时，USDT 日交易量已经超过比特币，而 Facebook 又提出了 Libra 的全球化支付计划。

稳定币，正在重塑国家与民间对货币权力的分配机制。

当某个国家的居民在日常交易中更愿意使用美元稳定币而不是本国法定货币时，当跨境电商开始接受 USDC 而非当地银行的信用卡结算时，当一个企业选择绕过银行系统用稳定币来给全球员工发工资时……这一切都不是假设，而是正在发生的事实，并且这种趋势还越来越明显。

这一节，我们就来讨论一个敏感而关键的问题：

在稳定币时代，国家真的会失去货币主权吗？

"货币主权"为什么如此重要？

在正式展开讨论前，我们先厘清一个基本概念。

货币主权是指一个国家对其本国货币的发行、流通、监管、政策制定的最高决定权。

这一定义包含三层含义。

一是发行权，政府垄断货币的创造，如印钞或通过中央银行控制货币供应。

二是政策制定权，国家能通过利率、汇率、货币供应等政策来调控经济。

三是结算与清算主导权，大部分经济活动通过本币结算与清算进行，确保国家可以跟踪与征税。

可以说，货币主权是国家治理体系中最核心的权力之一，甚至关系到国家安全。

稳定币正在侵蚀哪些国家的权利？

稳定币看似简单，是一种锚定法定货币（通常是美元）的数字资产，由私人机构发行，并广泛用于支付、交易、存储价值。

但从国家的视角看，这个问题就非常严重了。

①替代本币支付与储蓄

在许多通胀严重或金融体系薄弱的国家，如阿根廷、土耳其、黎巴嫩等，人们更愿意用 USDT 进行支付与储蓄。

零售商接受 USDT 付款；薪资、自由职业者的收入转为以稳定币进行结算；投资者将资产转入链上钱包以规避资本管制。

这意味着本币的使用率下降、信任度降低、政策传导受阻。

②削弱了中央银行对货币和经济的调控能力

传统上，中央银行通过调节利率、货币供应量等影响市场行为。但稳定币绕开银行系统，流通在链上，不受监管。

用户无须开通银行账户；稳定币存取不受本国货币政策影响；利率、汇率等货币调控工具"失灵"。

例如，如果中央银行提高利率以吸引本币储蓄，但用户仍通过 USDT 存币生息，政策就很难奏效。

③使国家丧失了对资金流动的掌控与征税能力

稳定币的匿名、跨境、去中心化等特点，使得国家难以追踪资本流动、征收财产税或交易税、防范非法融资或洗钱。

这一切都是对国家调控经济能力的直接冲击。

稳定币的影响是分层的

稳定币是否能让所有国家都失去"货币主权"？答案是"未必"。

我们可以将应对稳定币挑战的国家分为三类。

①货币弱国

津巴布韦、委内瑞拉这些国家本币严重贬值，民众极度缺乏信心，稳定币成为一种"自发替代"，国家几乎无法阻止资金外流和本币被弃用。

稳定币在这些国家具有"避风港"的属性，因为这些国家实际上已经失去了货币主权，只是表面上还在运行本币。

②中间国家

土耳其、尼日利亚、阿根廷这些国家经济不算脆弱，但通胀率较高、资本管制较多，导致部分人群"半退出"本币体系。

稳定币成为"灰色支付层"。于是，政府开始立法管制，试图引入国家认可的"许可型稳定币"。

③货币强国

美国、中国、欧盟这类国家和地区仍掌握绝对货币主权，但也高度关注稳定币的发展。

一方面，积极推动数字法定货币（如数字人民币、数字欧元等）发展；另一方面，打压民间稳定币（如 Libra 的失败等）。此外，尝试监管稳定币发行者（如 Circle、Tether 等）。

它们深知，如果不参与稳定币的游戏，就有可能在未来的货币格局中被边缘化。

货币主权的未来不是"消失"，而是"重构"

实际上，稳定币带来的不是国家货币主权的终结，而是对它的重新定义。

①国家将从"唯一货币发行者"转变为"规则制定者"

国家将不再完全垄断货币发行，而是允许合规的稳定币参与市场流通。政府关注的重点转向监管机制、安全性、储备合规等领域；出现"监管型稳定币"与"公共—私营混合货币生态"。

②主权货币数字化是回应之道

各国中央银行通过推出 CBDC 来"对冲"稳定币的冲击，强化自身在数字经济中的货币存在感。如数字人民币可编程控制、可离线支付，数字欧元强调隐私保护与法律约束，多国 CBDC 系统正在测试互通性。

换句话说，未来的货币体系，不再是国家与民间的二元对立，而是一个多元协作、互相嵌套的系统。

稳定币既是威胁，也是契机

稳定币确实对某些国家和地区的货币主权构成了威胁，特别是本币信用脆弱、金融监管薄弱的国家和地区。

但稳定币也为全球货币制度带来了透明度、技术创新能力、支付效率。

各经济体要做的不是排斥稳定币，而是引导其走向制度化轨道，并与之共存共演。

或许未来，世界将不再是一个由法定货币主导的体系，而是一个"主权数字货币＋合规稳定币＋去中心化金融"的混合体系。

这是一个新的秩序，一个全新的货币时代。

第 10 章　普通人该怎么用？

稳定币，离你我并不遥远。

前九章，我们一起描绘了货币体系演进的宏大图景。从法定货币的信用危机到跨境支付的烦恼，从比特币的启示到稳定币的崛起，从国家数字货币的反击到全球金融博弈的暗涌。

我们看到了新技术如何改写传统秩序，也理解了稳定币背后的巨大潜力与挑战。

但落到现实，一个问题迟早要浮现：

> 我，一个普通人，如果也想用稳定币，该注意什么？

无论你是对数字资产感兴趣的年轻人，还是考虑给孩子留点"数字资产"的中年家庭成员，或者只是想了解数字货币世界的人，本章将是你最实用的"用户指南"。

我们不会讲复杂的技术细节，也不会鼓吹任何币种，而是聚焦两个最重要的问题：

> 怎么用，才算安全？
>
> 哪些坑，千万别踩？

10.1　像用银行账户一样用好稳定币

曾经，我们认为银行账户是最安全的资产存放方式。但时代已经变化，如今在数字世界中，稳定币钱包就像一个"个人小银行"，存的是价值，转的是信任。

但是，在稳定币的世界里，没有"银行工作人员"帮你找回密码，也没有"客服热线"为你拦截诈骗。所有责任，全都落在你自己身上。

别怕，安全使用稳定币，其实并不复杂。只需要记住以下三条黄金法则。

从"看得见的安心"开始

稳定币表面上都是锚定美元，但实际上背后机制大不相同。

就像前面我们所分析的，有的稳定币有真实资产储备作支撑，经第三方会计师事务所每月审计；有的则是"黑箱运作"，没人知道它的钱是否真的存在。

就像表 10-1 总结的这样。

表 10-1　不同稳定币发行机构和储备审计情况对照

币种	发行机构	储备审计情况	公开透明度
USDC	Circle	每月发布储备证明报告，报告公开	高
USDT	Tether	偶尔披露，透明度引发争议	中
BUSD（已退场）	Paxes/Binance	被美国证券交易委员会指控，2023 年停售	低

资料来源：笔者整理。

所以，优先选择透明度高的稳定币，是保障安全的第一步。

记住一句话：看不见的钱，不一定真实存在。

不要把资产放在一个钱包里

传统金融理论告诉我们，"不要把所有鸡蛋放在一个篮子里"。这句话在稳定币世界同样适用。

举个例子。

你可以把一部分 USDC 放在交易所账户里,方便交易;一部分放进手机冷钱包,用于日常小额支付;还有一部分存在硬件钱包或"助记词保管卡"中,用于长期储备。

下面这些助记词是 BIP39[①]规范中用于测试的默认词组,所有主流钱包(如 MetaMask、Ledger 等)都不会允许用户用它创建真实钱包:

abandon ability able about above absent absorb abstract absurd abuse access accident

这样做的好处——

即使交易所被黑,你还有备份;
即使手机丢了,你还有主钱包;
即使被诈骗引诱,你最多只损失一小部分。

分散管理,不是麻烦,而是安全感的一个来源。

冷热钱包搭配使用

在稳定币世界,从保管和使用的安全性来讲,钱包分两种类型,如表 10-2 所示。

表 10-2 区块链钱包种类

类型	名称	优势	劣势
热钱包	手机钱包、浏览器插件(如 MetaMask)	使用便捷,适合支付	容易中毒钓鱼链接
冷钱包	断网硬件钱包(如 Ledger、Trezor)	安全性最高,适合长期资产存放	使用不便,需手动操作

资料来源:笔者整理。

这两种钱包建议组合使用,热钱包用于日常交易、体验新项目;冷钱包用于

———————————
① 一种比特币改进提案,主要用于生成和存储加密货币钱包的助记词。

存放重要资产，不常动用；两者通过小额转账实现灵活切换。

就像你不会把所有积蓄都放在同一个钱包里一样，也别把所有稳定币都放在同一个手机 App 里。

一个小白用户的"三步防坑"笔记

小刘，一个职场新人。他用稳定币做过一些美元投资，也买过链上理财，但始终"没被坑"。

他说他的秘诀是"三个动作"：

只用 Cicle 发行的 USDC，不碰奇怪名称的稳定币；

钱包分三种，热钱包在一部手机里，冷钱包用一张助记词卡，交易放在大交易所；

看一个项目，先用浏览器搜索它的"名字 + '诈骗'（scam）"，再考虑投钱。

这三招，或许就是你也能立刻开始使用的"稳健上路"方式。

先学好走路，再学跑步

稳定币世界的机会很多、诱惑很多、坑也很多。安全永远是第一关。你不是在跟技术竞速，而是在保护自己的数字未来。

掌握以下几条原则，你就已经比 95% 的人更安全了。

> 看清透明度；
> 管好自己的钱包；
> 拥有多个备份；
> 抵制"一夜暴富"的诱惑。

下一节，我们将带你识破那些稳定币世界中的"常见骗局"——提前知道，就能提前避开。

别让一个错误，毁掉你对这个新世界的信心。

10.2　别让"数字美元"变"数字陷阱"

在数字资产的世界里，有一句话流传甚广：

> 如果你看到一个"稳赚不赔"的机会，那它十有八九是骗局；如果它"看起来完全没问题"，那你可能已经被骗了。

相较于比特币、ETH 等价格大起大落的数字资产，稳定币似乎更"安全"，因为其锚定美元或等价资产，价格稳定。但请注意，这种"稳定性"也成为骗子行骗的最好幌子。

"你看，连涨跌都没有，怎么可能不安全？"

然而事实是，与稳定币相关的诈骗，往往更隐蔽、更系统、更容易骗到普通人。

稳定币挂羊头，庞氏挂狗肉

张阿姨是退休教师，听朋友说"数字美元也能理财"，于是加入了一个聊天群，对方介绍了一种"存 USDT 赚年化 15% 收益"的产品，说是"DeFi 理财"。

起初，她每天都有收益到账。张阿姨越投越多，投了 3 万美元后，平台忽然"系统维护"，一夜之间聊天群解散、App 打不开、客服失联。

原来那是一个典型的"资金盘"骗局——用新用户的钱给老用户发利息，直到老板跑路。

真正的稳定币协议不会承诺高额收益。在正常的 DeFi 市场里，稳定币的年化收益率通常为 3%~6%，超过 10% 的都要特别警惕①。

关键一句话：高收益且无风险，99% 是陷阱。

仿真度极高，一不留神就进入了钓鱼网站

小林是一名大学生，在 TikTok 上看到一个短视频，推荐"最新合法的稳定币交易平台"，其提供的下载链接界面做得和各大平台一模一样。小林信了，充值了 500 枚 USDT。

充值成功后，"提币"按钮却始终是灰色，客服永远在"核实身份"。后来小林才发现，这个 App 压根不是正规交易平台，只是骗子做的"山寨仿真版"。

---

① 以 2025 年市场环境估算，普通场景下的稳定币平均年化收益率约为 3% ～ 6%；偏高收益的 DeFi 或 RWA 场景可达 8%~12%，但需注意对手方风险、合约漏洞和监管不确定性。

许多诈骗平台会使用与真实交易所非常接近的名字（如 Binon、Coinbeis），通过高仿 App 骗取你的授权、让你提供助记词或转账，然后假借"风控核查"拖延你的提现操作，甚至直接冻结你的资金。

正确方式：下载 App 只认准官方网站和应用商店，不要点击来路不明的链接。

点一下，钱包就"空了"

小陈收到一条 Telegram 群消息，说"只需连接钱包、提供授权就能领取 20 美元奖励"。他按步骤操作后没看到奖励，却发现自己钱包里价值 5000 美元的 USDC 被"转走了"。

为什么？

骗子用"伪装授权合约"，骗取了他的"无限转账权限"，把他钱包里面的 USDC 全部转走了。

很多"钓鱼链接"会诱导你将钱包权限授权给它。这种授权协议一旦签署，对方就可以无限制地提现你的资产。

三字口诀：不随便点、不随便连、不随便签。

不懂合约内容的情况下，宁可不点也别贸然操作。

别把"听过的币名"当"安全保障"

一位大爷在一个"区块链养老理财"项目里投资了 1 万枚 USDT，对方说"每天回报 1%，100% 对接真实稳定币"。

对方甚至给他看了一个"冷钱包地址"，还打印了"区块链资产报告"，上面确实写着"USDT 余额：10000"。

直到他通过正规钱包工具去查看，才发现那个"余额"只是内部伪造数据，那个"冷钱包地址"里的 USDT 根本就没有在链上存在过。

骗子最常干的一件事，就是以 USDT、USDC 这些稳定币的"名义"，进行与稳定币毫无关系的诈骗。

他们会编造一个假的"稳定币交易平台"，虚构链上数据，或干脆让你"转账到客服的钱包"……你以为自己在使用 USDT，其实只是被骗用 USDT 转账而已。

记住一句话：币是真币，用法是骗局。

先从"不贪"开始

稳定币是工具，而人性才是漏洞。

骗子的套路虽然不新，但每次都有效，因为他们知道：

> 你想赚快钱；
> 你怕错过机会；
> 你不熟悉这个"新世界"；
> 你太容易相信"熟人推荐"。

所以，请永远保持以下四种反应：

> 看到高收益，先怀疑；
> 接到链接，先求证；
> 用稳定币，先分散；
> 看不懂的项目，一律不碰。

如果你能做到以上这些，哪怕你不懂区块链、不懂智能合约、不懂加密钱包，也能在这个新的金融世界稳稳地立足。